THE JAPANESE ASSOCIATION FOR THE STUDY ON ISSUES ONF PERSONS WITH DISABILITIES

全障研オンライン集会 2020
＋北海道特集
知ろう語ろう北海道の仲間たち

みんなのねがい 1 月臨時増刊号

　2020 年 4 月、新型コロナウイルス感染症拡大の情勢の下、たいへん残念ですが、9 月 12 日（土）、13 日（日）に北海道（旭川市）で開催を予定していた全障研第 54 回全国大会の中止を決定しました。

　そこで、研究運動の節目とするために、8 月 9 日（日）に「全障研オンライン集会 2020」を開催し、全国の 500 人以上の会員とつながることができました。

　本誌は、オンライン集会 2020 の記録と北海道のとりくみ（当会機関誌月刊『みんなのねがい』、当会北海道支部機関誌に掲載）をまとめたものです。

CONTENTS

全障研オンライン集会 2020

障害のある人たちの権利保障、発達保障について
オンライン集会をきっかけに学び合おう、語り合おう

全国障害者問題研究会　全国委員長　　越野和之

　　みなさん、こんにちは。全障研（全国障害者問題研究会）のオンライン集会にようこ
そご参加いただきました。この半年の間、新型コロナウイルス感染症の拡大する下で、
みなさんのお一人お一人が、さまざまなしんどさや、厳しい局面と向き合ってこられた
のではないかと思います。そうした中でも、本日は 500 人におよぶ方々が全国から参
加して下さっています。全障研常任委員会を代表して心からの連帯を申し上げます。
　　このたびの感染症は、2 月末の首相による全国一斉休校要請、4 月からの緊急事態宣
言などとも相まって、私たちの社会にこれまで経験したことのないような影響を与え続
けています。感染が命の危機に直結しかねない障害の重い方々や基礎疾患を持つ方々、
高齢の方々などをはじめ、だれもが、健康を害したり、命を奪われたりすることのない
ように、必要な対策を講じ、それをどの人にも例外なく届けていくことはもちろん大切
な課題です。しかし、3 ヵ月以上にわたる休校が、障害のある子どもとその家族の生活、
学校や放課後等デイサービスの事業所などに与えた影響を見る時、また、緊急事態宣言
の下で、各地の障害者施設や事業所が直面させられたさまざまな困難を思う時、この間
の施策が、障害のある人たちとその家族、関係者のことをみじんも考えないものであっ
たことは明らかではないでしょうか。
　　私たちがいま直面している困難は、感染症の脅威であるとともに、感染症拡大下にお
ける障害児者・家族の困難を顧みない政治によってももたらされています。こうした時
だからこそ、私たちはよりいっそう、障害のある人たちとその家族、そして、これらの
人たちの、人間らしい暮らしと発達の保障に寄与することを願って日々取り組んでいる
多くの人たちが、自らの悩みや困難、それを乗り越えようとするさまざまな試みを交流
し合い、語り合い、課題を吟味する研究運動をすすめなければなりません。
　　いま、少なくない地域で、直接に顔を合わせて悩みやねがいを語り合うことができに
くくなっています。しかし、そうした状況の下で生じる孤立を放置してしまったのでは、
直面する課題に応えることはできません。今後、感染症の長期化やさらなる拡大も想定
せざるを得ない状況の下で、研究運動をどう進めるか。今日の集会は、その方法を探る
一つの試みです。初めての試みですので、不十分な点も多いかも知れません。しかし、
基調報告や特別報告、学習講座などを、各地で悩みとねがいを語り合い、課題を考え合
うための素材としていただきたい、あわせて、当面の研究運動のあり方を探求するきっ

かけにしていただきたいと願って準備してきました。どうか、この集会を一つのきっかけとして、各地で、オンラインの活用なども含めて、さまざまなとりくみを試みて下さい。そして、その教訓を交流し、今後の研究運動への展望を拓いていきましょう。

なお、基調報告については、すでに公表した案に対して、各地からご意見を寄せていただきました。本日は「案」の段階のものをご視聴いただきますが、後日、いただいたご意見も反映させて確定版を公表しますので、ご活用下さい。寄せられた中には障害のある人たちのジェンダーとセクシャリティをめぐる課題についての自覚的な検討を求めるご意見もありました。大切な課題です。みなさんには、伊藤修毅さんの新刊『ゼロから学ぶ障害のある子ども・若者のセクシュアリティ』なども合わせて検討を深めていただくようお願いします。（本誌8頁〜17頁に確定版を掲載）

この後、9月に予定されていた第54回全国大会の準備委員会を代表して二通諭さんからごあいさついただきます。旭川での大会をご準備いただいた北海道のみなさまに、心よりの感謝と連帯を申し上げます。今回の旭川大会は中止を決断せざるを得ませんでしたが、北海道のさまざまなとりくみに学び、また、全国のとりくみとも交流を深める機会は、いつか別のかたちで必ず実現したいと願っています。

今日、8月9日は、今から75年前に、長崎に原子爆弾が投下された日です。8月6日の広島に続き、人類が経験した2度目の核兵器でした。この原爆投下によってもたらされた惨禍と、それに連なる多くの、本当につらく悲惨な経験を経て、私たちは日本国憲法を手にし、国際的には国際連合が組織されました。国連のイニシアチブによって作られた障害者権利条約をはじめ、各種の国際人権法制は、日本国憲法と同じく、第二次世界大戦への反省に端を発しています。憲法を守り、生かし、障害者権利条約を羅針盤として、今日の状況の下で、一人の取りこぼしも許さず、障害のある人たちの権利保障、発達保障をすすめるために何が必要なのか、本日のオンライン集会をきっかけに、語り合い、考え合いましょう。みなさん、ともにがんばりましょう。

「終わらない夏」　発達保障と権利保障の思想と実践のバトンを未来へ

全障研全国大会（北海道）準備委員長　　二通　諭

　こんにちは。全障研第54回全国大会（北海道旭川2020）準備委員長の二通諭です。全国大会は中止になりましたが、それに代わるものとして、オンラインによる全国集会が開催できたことをうれしく思っております。みなさまにおかれましては、本集会で、開催されるはずだった全国大会の一端を感じ取っていただければ幸いに存じます。

　さて、みなさまへの挨拶の時間を拝借して、第54回全国大会がいかに発想されたか、その発想の原点について申し述べておきます。『みんなのねがい7月号』北海道特集でも書きましたが、私は大会1日目の全体会の企画立案に関わっておりました。それは、全障研道支部の1970年代以降の半世紀の軌跡を辿り、大会テーマにある「終わらない夏」、「夏」には全障研大会と全障研が掲げてきた発達保障と権利保障の思想と実践が含意されているのですが、そのバトンを未来につないでいこうと企図したものです。

　私の手元に全障研道支部が1977年1月に発行した『障害者科学運動第2号』があります。編集責任者は私の名前になっています。掲載論稿からこんな記述を見つけました。それは、前年の1976年1月に開催された全障研道支部冬期学習会の参加構成比とその評価です。

　職域別、立場別構成比でもっとも多いのが31％の学生です。次に多いのが24％の教員です。障害者や施設職員の参加が少ないことを問題視しています。

　年代別構成比（小数点以下四捨五入）でもっとも多いのが53％の20代です。10代が7％ですので、10代・20代で60％を占めます。30代が20％、40代が9％です。30代、40代の中堅層が少なく、経験の浅い20代の実践者と学生によって支えられている現状をどうすべきかと問題提起しています。その当時、圧倒的に若者が多く、年配者を組織できていないことを嘆いていたのです。なんと贅沢な悩みでしょう。私にしても24歳、新卒2年目の教員でした。

　あれから、あの時の若者たちと上の世代の者たちは、なにを、どんな方法で創り上げていったのか。このことを振り返ることで、渡すべきバトンに中身が一層わかりやすくなります。

　北海道で起きたことは全国どこでも起きていたことでしょう。北海道に限らない普遍性があるはずです。

　残念ながら私たちが構想したスライド＆リレートーク「われら北の大地で育つ」は日

の目を見ることはできませんでしたが、もう一つの全体会企画であった北海道新篠津高等養護学校演劇部の「どんぐりの学校」については、本集会において、そのオリジナルバージョン（2016年度）から一部を取り出して、みなさまにお見せすることができます。顧問の山田勇気先生のお話とともに作品世界の一端に触れていただければ幸いです。

　以上、簡単ですが、全障研オンライン集会のはじめの挨拶とさせていただきます。

　みなさまにおかれましては、良い学びになることをお祈り申し上げます。

全国障害者問題研究会
第 54 回全国大会　基調報告

2020 年 8 月 9 日
常 任 全 国 委 員 会

＜はじめに＞

　人と人が語りあい、向かいあって暮らすというあたりまえの日常に制限を受けた数か月でした。この間、新型コロナウィルス感染症（COVID-19）の拡大という事態の中で私たちが経験した日常とは異なる生活は、子ども、大人の年齢を問わず、障害のある人びとと家族に、はかりしれない不安と困難をもたらしました。不安や困難の背景には、この感染症に対する処方箋がないということに加えて、すべての人の生きる権利を保障するはずの社会福祉・社会保障の制度の脆さが日に日に明らかになってきたということがあります。そうであるなら、どんな困難があったのか事実を出しあい、記録し、話し合うことは、予想される次の感染への対応にとどまらず、障害のある人びとのいのちとくらし、発達を保障する土台を改善する提起につながると考えます。

　ここで 3 月から、私たちの周りで起こったことをふり返ってみましょう。

　またたくまに世界中に広がった新型コロナウィルスによる感染症に対して、WHO は 3 月 11 日、世界的大流行（パンデミック）を宣言、各国政府はそれぞれに人びとの社会的活動や経済活動を制限する対策を実行しました。ウィルスについて科学的解明が続けられていますが、いまだ決定的な治療薬、ワクチンは開発されていまいせん。感染の広がりは世界的規模で格差を浮き彫りにしました。医療体制の不備のもと「経済優先」に舵をきる国も増え、6 月末には、世界の感染者数は 1000 万人を、死亡者は 50 万人を超えています。

　日本では、2 月 27 日の夕刻、安倍首相による突然の一斉休校要請に始まり、4 月 7 日には、改正新型インフルエンザ等対策特別措置法によって「緊急事態宣言」が出され、以後、全国的には 5 月 25 日まで、生活全面にわたる規制が強いられました。

　この事態の中で、全障研は、まず 3 月 2 日に「緊急声明」を出し、障害のある子どもと家族のもつ特別の困難に照らして、一律の休校を求めることの問題点を指摘し、要請の撤回を求めました。そして障害のある子どもと家族の健康と生活を守る方途を、国民的な英知の結集と議論によって検討していくことをよびかけました。

　さらに「緊急事態宣言」から 1 ヵ月を経て、「補償なき自粛要請」への批判が高まるなか、5 月 9 日には「声明＝新型コロナウィルスをめぐる情勢の下で障害児者の権利を守るために」を発表しました。この声明では、社会福祉の仕組みの決定的な弱さが障害児者・家族に困難をもたらしていることを指摘し、乳幼児の施設や事業所、学校と放課後支援、児童および成人の施設などそれぞれにおいて、障害児者とその家族、障害児者に関わる人たちの「人間的な諸権利を守り、発達を保障することが必要だ」と訴えました。

　2 つの「声明」に呼応して、全国からたく

さんの報告が寄せられました。

　密になる集団生活をさけるために学校は休校とされる一方で、児童発達支援や放課後等デイサービスの事業所は開所を求められ、しかも感染防止のための方策はすべて事業所任せだったこと。卒業生を送り出し新入生を迎える大事な時期であったにもかかわらず、感染対策のみが優先され、子どもの気持ちに寄り添った活動を準備することすらままならなかったこと。在宅生活による生活リズムの乱れ、活動や集団が保障されないなかでの行動の不安定化などが家族から訴えられても、十分議論できない日々を送らざるを得なかったこと。いずれも、マスコミ報道には取り上げられることのない障害児・者と家族がかかえる困難から生じた問題ばかりでした。

　「緊急事態宣言」後の４月以降は、児童発達支援、放課後デイ、作業所などの障害福祉事業所は、利用控えが顕著になり、事業継続の危機に直面しました。厚生労働省から電話などでの支援も報酬の対象となるという事務連絡が出されましたが、これにたいする疑問を感じながら、障害のある人への支援とは何か、それを支える制度はどうあるべきかという課題にいっそう向き合い、多くの事業所が事業を継続してきました。こうしたなかで、支援の対価としての日額報酬制という制度への批判が高まっています。

　以上のように、まさに「コロナ禍」によって、国民生活を守る制度の脆さから矛盾が噴出したなかにあっても、政府は社会保障全般にわたる公費抑制をもくろみ、自助・互助・共助を基本とする「全世代型社会保障改革」にもとづいて、年金法、社会福祉法などの「改正」を強行してきました。

　３月、津久井やまゆり園事件の裁判が終結しました。裁判では、「障害者は生きる価値がない」という被告の主張を正面から問うことがありませんでした。しかし、いま未解明の感染症とそこから生じた不安の拡大という状況のもとで、「すべての命は平等」であるという価値はますます重要になっていると思

います。このことを基盤にした社会をめざす運動をすすめていかなければなりません。

　私たちは、どんな情勢の下でも、人間のいのちと尊厳を軽んじる考え方や社会のしくみを断固として否定します。憲法と障害者権利条約の理念を地域のすみずみに広げながら、だれもが安心して生きられる平和でインクルーシブな社会の実現にむけて、みんなのねがいと力を重ね合わせて、発達保障をめざすとりくみをさらに進めていきましょう。

Ⅰ．乳幼児期の情勢と課題

（１）登園できなくてもつながる療育

　感染が拡大するにつれて、保育園や幼稚園、児童発達支援の施設に通い、楽しい時間を過ごすという子どもたちの日常が消えていきました。３月、学校と同様に休園になる幼稚園がめだち、４月の「緊急事態宣言」以降は、保育園にも登園自粛の要請があり、子どもにとっての日中の生活と集団の基盤が揺らいでいきました。児童発達支援の施設（センターや事業所）は感染予防に努力しつつ可能な限り開所することが求められましたが、保護者の判断で登園を自粛する、事業所として登園制限や臨時休所を選択するという場合もありました。

　友だちと遊ぶのが苦手、好きな遊びが見つけられないといった課題があるから、保育園や療育の場に通っていた子どもたちです。登園できなくなったとき、子どもに対してどんな支援ができるのか、各地で模索がつづきました。一方では、コロナ禍をも好機にしようと、オンラインの個別支援と称して動画や教材を有償で家庭に提供する事業者もあらわれました。

　コロナ禍のもとにあっても重ねてきた実践の中には、今後の感染対策に引き継ぐべきことだけでなく、保護者・家庭への支援の基本として大事にしたいことがたくさん含まれています。少しでも楽しく過ごせるよう、子ど

もの心身の状態を把握し、工夫を凝らして試みた在宅生活における子どもへの支援について、経験を交流していくことも必要だと思われます。

（2）保護者への支援

父親が在宅勤務になった家庭では、家族一緒の時間が格段に増えました。しかし、障害のある子どもたちにとって、ふだんと異なる日課や家庭での暮らしはストレスとなる場合もあります。保護者からは、つい強くしかってしまう、適切でない対応になる可能性もあるという切実な声が聞かれました。在宅支援は、保護者にたいしても大切な支援であり、実践的な検討をしていかなければない課題です。

一方、厚労省や自治体が出す事務連絡では、保護者や子どもがコロナウィルスに感染することは、ほとんど想定されていませんでした。感染への不安は、障害の重い子どもや医療的ケアを必要とする子どもがいる家庭ではさらに深刻です。子どもを対象にしたショートステイの場の整備などが緊急に求められています。

障害のある子どもを育てる保護者の就労困難は以前から大きな問題ですが、今回のコロナ問題は家計にも大きな影響を与えました。

（3）事業所を守る

育ちを守り育てる療育の場では、まさに療育者と子どもが身体と心を通わせ働きかける場であり、「3密」状態を避けることは不可能といっても過言ではありません。療育の場が安心安全とはいえない状況が生まれました。

感染に配慮しつつ開所し続けても通園児が5割を切った、とうとう1名になったといった事業所もあります。楽しい集団療育ができないだけでなく、通所する子どもの人数の減少は、事業所の減収に直結するので園の運営そのものが不安定さの度合いを高めました。子どもが通園した日にしか公費が支払われないこの制度は職員の雇用をも不安定にしています。

厚生労働省の事務連絡にもとづいて電話などで支援をする場合には、支援計画等の書類を作成し、事前に1割の費用負担があることを保護者に了解してもらうことを徹底するよう求められ、自治体によっては、支援の内容や書類に細かい指示もありました。支援をしたら報酬を出す、利用料は応益負担という障害福祉制度ゆえの問題に、多くの事業所が戸惑いを感じたのが現実でした。

（4）乳幼児期の総合的な発達保障を

今年2020年は、2021〜2023年度を期間とする第2期障害児福祉計画にむけた施策の見直し期にあたります。厚生労働省は、2020年度までに「重層的な地域支援体制の構築」を目指し、児童発達支援センターを市町村に少なくとも1カ所以上設置するという目標を掲げていますが、実現に向けた特別な方針がないまま市町村にまかされています。子どもと保護者のねがいを障害児福祉計画に反映させるよう地域の自立支援協議会児童部会などで議論し、計画策定に参加していくことも重要です。

乳幼児期の支援は、母子保健施策である乳幼児健診と結んだ総合的なシステムが求められますが、ゆとりのない職員体制のもとで保健センターにおける障害の発見から対応、療育への橋渡しの機能低下が危惧されています。全障研大会では、すべての子どもの健康と発達を保障するという視点から子育て支援の枠組みを発展させ、早期療育へつなぎ、親子を支える仕組みを充実させている自治体の取り組みが毎年報告されています。そうした実践に学びあうことを大切にしたいと思います。

Ⅱ．学齢期の情勢と課題

（1）突然の休校要請の下での子どもたちの暮らし

　2月27日の夕刻、全国の学校の職員室では大きな不安と動揺、混乱がもたらされました。首相による全国一斉休校要請の突然の発表、そこからの数日間、学校は対応に追われました。卒業や進級という一つの大きな節目を控え、次のステージに向けて期待や意欲を高めていこうとする子どもたちの気持ち、その学年、学級、学校生活の残りの日々で、子どもたちに何を手渡していくのかという教職員の思いは、まったく突然に、そして一瞬にしてやり場を失うことになりました。首相とその周辺による強行的な決定は、多くの自治体や学校から、教育的な判断を主体的に行う機会を奪い、子どもたちはその間、教育を受ける権利を保障されなくなったのです。

　3月に入ると、休業補償等の手立てに関する十分な検討もないまま強行された休校によって、多くの障害のある子どもたちとその家庭は、日中をどうやって過ごすのかという問題に直面します。休校要請に際して、厚生労働省は放課後等デイサービスに対し、「可能な限り時間を延長して子どもたちを受け入れること」という事務連絡を出しました。感染拡大予防という一斉休校要請の趣旨と大きく矛盾する課題を、福祉の現場に丸投げしたのです。放課後等デイサービスの事業所では、午前中からの体制づくりに突然直面させられ、職員の不足や職員家族の負担、マスクや消毒液の不足、公共施設が使えないなどの多くの困難と向き合いながらも、子どもと家庭の困難さに応えようと、必死の努力を続けました。4月の「緊急事態宣言」以降も、公的責任に基づく根本的な手立ては示されることなく、各地域や現場レベルでの工夫を強いられている状況が続きました。

　「緊急事態宣言」解除後にいくつかの自治体等で取り組まれた調査などでは、子どもたちの家庭での生活の困難の実態や、放課後等デイサービス事業所が直面した困難の実態とともに、学校と家庭、また学校と障害児支援事業所との矛盾が、「学校に見捨てられたような気がした」「学校は何もしてくれなかった」など、悲鳴のような表現で指摘されています。5月に公表した全障研の声明は、この間の施策が、「教育と福祉の関係性に大きな歪みをもたらした」と指摘しました。この歪み正し、障害のある子どもと家族、関係者の人間的な諸権利を守り、発達を保障するための具体的なとりくみが緊急に求められています。

（2）学校に「行く」ことの意味を問い返す

　昨年、障害を理由に、長きに渡って教育を受ける権利を奪われてきた人たちの、「学校に行きたい」「学びたい」というねがいを結実させた養護学校義務制実施から40年を迎えました。全障研しんぶんでは「義務制実施40年を考える」と題し、2019年6月から7回にわたって、義務制実施までの道のり、そして義務制実施以降のさらなる教育権保障の道のりを辿りました。すべての障害のある人たちの義務教育実現を大きな基盤としながら、さらに障害の重い人たちの教育内容の深化、後期中等教育の保障、卒業後の進路保障と作業所づくり、さらなる学校設置運動の広がりなど、教育の豊さの広がりはもとより、障害のある人たちのライフステージ全般にわたる豊かさを求め、実践と運動を地道に積み上げてきた歴史に学ぶことができました。

　どの子も学校に行けるようになってから40年を経た今年、日本の多くの地域で、子どもたちは3ヵ月もの長きにわたって、学校に「行く」ことを奪われました。そうした事態の中でも、全国の少なくない教師たちは、子どもと家庭の状況をつかみ、子どもたちが少しでも笑顔で過ごせるようにしよう、わずかながらでも発達を保障しようと、家庭訪問や電話、手紙などを用いて連絡をとり、学校生活の中で、子どもたちが好きになった歌の

CDを届けたり、絵本の読み書かせや身体を楽しく動かすための動画データを配信するなど、さまざまな努力を続けました。

　障害のある子どもたちにとって、学校は「学ぶこと」をただ受け取るだけの場所ではありません。子どもたちは、「学校」という場所に毎日通うことで自ら生活リズムを作り、自分に合った環境で心身をリラックスさせ、適切な運動の機会をつくり、友だちや先生との人間的なかかわりをつくっていくのです。そうした毎日の生活の中で、子どもたちは学校でしか学べないものに出会い、自分自身がよりよくなりたいという「ねがい」を育みます。学校でしかできないこととは何か、子どもたちにとって、学校の価値はどこにあるのかということを改めて問い返しながら、再開後の学校と、そこで営まれる子どもたちと毎日の生活の質を吟味する必要があります。

（3）「再開」後の学校の「学び」をめぐる問題と教育政策

　しかし、登校が再開されつつある今、学校は、子どもたちの「ねがい」に応えうる場所になっているでしょうか。学校行事の中止や縮減の一方で、7時間授業や土曜登校、夏休み登校など、授業時数の確保や「遅れを取り戻す」ことばかりが一面的に強調されてはいないでしょうか。

　安倍政権が推し進めてきた教育改革、さらには今年から小学校、特別支援学校小学部で本格実施となる学習指導要領では、「何ができるようになったか」「学んだことをどう使えるようになったのか」という視点ばかりが重視されます。そこでは子どもや親、そして教師の「ねがい」から実践を構想するのではなく、短期での目標達成や行動の変容のみをターゲットにした実践を助長させるような「評価」と、一面的な社会からの要請の影響を色濃くうけた「教育目標」が教育現場に押しつけられ、そのことに教育実践が縛られようとしています。

　2019年度から開始された文部科学省「新しい時代の特別支援教育の在り方に関する有識者会議」は、6月末に「これまでの議論の整理（案）」を示しました。この文書には、障害のある子どもの保護者や教職員が長年要求してきた特別支援学校設置基準の策定に初めて言及するなど、ゆたかな権利保障をめざす声の高まりを反映したと見られる箇所もありますが、特別支援学級と通常学級の「交流及び共同学習の拡充」と称して、「ホームルーム等の学級活動や給食等については原則共に行う」等の一面的な方向性を示したり、「自校通級を進める」との名目の下に「ICTを活用した遠隔による専門的指導」を例示するなど、子どもたちのゆたかな学びと生活へのねがい、子どもと寄り添い、子どもの事実から実践を構想しようとする教師のねがいに背く危険性もはらんでいるとみられます。特別支援教育をめぐる今後の政策動向に直結する動きとして十分な注意を払う必要があります。

（4）自ら考え、行動できる教職員集団づくりを

　長期にわたる休校とその後の学校再開の動きの中、学校と福祉がこれまで以上に連携を深めながら、子どもたちの生活を少しでもよくしよう、家庭やそれぞれの現場の負担を軽減しあおうという動きも見られます。子どもの家庭や生活の状況をつかもうと、従来以上に密に連絡を取り合うようになった学校や福祉事業所の事例もあります。休校期間中、体制の不足する福祉事業所に応援に入った学校や、学校施設を家庭や福祉事業所に開放した自治体、学校もありました。こうしたとりくみは、行政上の障壁や教職員集団の合意形成の困難などに制約されて、いまだ多数とはなっていませんが、困難な状況の中でこそ、障害のある子どもたちの権利を守るために何ができるか、現場レベルで話し合い、考え合うことの重要性と、そうした努力を重ねることで、少しずつでも困難を切り拓いて前に進めることを私たちに教えています。

教職員集団が「集まる」ことが強く制約された経験を経て、「集まる」「語り合う」ことの価値を、再発見している人たちは少なくありません。今年度の『みんなのねがい』の連載「出会いはタカラモノ　子どもから教えられたことばかり」の冒頭で、著者の佐藤比呂二さんは「私の教師人生は、子どもから学んだことの積み重ね」だと記しています。子どもたちの教えてくれるタカラモノを一つ一つ大事に掬い取ることができるように、そしてその「価値」を決して手放すことのないように、みんなで語り合いながら、子どもの「ねがい」に応える授業づくり、教育課程づくりを進めましょう。「働き方改革」と「コロナ対応」などの名の下、再編される行事や教育活動についても、「子どもにとっての値打ち」をしっかりと語り、現下の状況に即して創造できる教職員集団づくりを進めましょう。

Ⅲ．成人期の情勢と課題

（1）「全世代型社会保障」の動向

　成人期の障害者の権利保障を考えるうえでは、社会保障全体の動向に目を向けておく必要があります。

　政府が2019年9月に設置した全世代型社会保障検討会議は、12月に中間報告をまとめ、「年金」「労働」「医療」「予防・介護」の各分野について、改革の方向性を示しました。その内容は、第201回国会において一部具体化され、70歳までの雇用継続と結んだ年金支給年齢の引き上げなど、関係法の「改正」がなされました。さらに、2020年6月には、第2次中間報告がまとめられ、「フリーランス」の拡大のための労働関係法の改正などが準備されています。

　こうした動向の基調になっているのは、経済成長を最優先する姿勢です。昨年12月の中間報告は、「障害や難病のある方々」にも言及していますが、それは「一億総活躍社会」を語る文脈においてです。政府がめざしているのは、「強い経済の実現」なのです。日本に住む人の権利保障の観点から社会保障改革が考えられているわけではありません。

　そのため、全世代型社会保障改革は、「制度の持続可能性」の名のもとに、社会保障の抑制を図るものになっています。医療についても、窓口費用負担割合の引き上げなどが提案されています。

　そして、重視されているのは、高齢期に至るまでの就労です。人間らしく働く権利の保障は重要ですが、経済成長や社会保障抑制のために就労を強いられることは問題です。私たちは、権利保障の観点から、あるべき社会保障を考えていかなければなりません。

（2）報酬改定をめぐる動向

　障害のある人の生活と権利に直結することとしては、「障害福祉サービス等報酬改定」の問題があります。3年ごとの報酬改定が、2021年度に予定されており、感染対策で中断していた検討チームの会合が再開されました。

　2018年度の報酬改定の際には、国が食事提供体制加算を撤廃しようとしましたが、障害者団体等の運動によってそれを阻止しました。昼食・食事は、障害者の労働や生活を支える大切なものです。次回の報酬改定で食事提供体制加算を廃止することは許されません。

　また、事業所による送迎支援も重要なものであり、送迎加算は廃止されるべきものではありません。それにも関わらず、厚生労働省のもとで送迎に関する実態調査が行われるなど、送迎加算の見直しが進められてきています。

　現実には、公費支出の水準が低い現状のもと、事業所の運営は困難を抱え、職員の働く環境も厳しいものになっています。また、2018年度の報酬改定においては、就労継続支援事業B型の報酬単価を平均工賃と連動させるという成果主義的な方式が導入され、そのなかで多くの事業所が減収に追い込まれ

ました。報酬改定は、これらの問題を解決する方向でなされるべきものです。

新型コロナウィルス感染症に関係して、障害者や家族、事業所が抱える困難が増しているなか、報酬改定がさらなる打撃をもたらすようなことがあってはなりません。

（3）安心できる生活の保障

必要なのは、社会保障の拡充であり、障害者が安心して暮らせる社会の構築です。

今年度の『みんなのねがい』の連載「高齢期を迎えた障害者と家族―老いる権利の確立をめざして」（田中智子）でも述べられているように、障害者のケアの責任は、費用面も含めて、親・家族に押しつけられています。障害者の生活を支える社会資源の整備も、家族によるケアを前提としている面があります。障害者および家族の権利保障にとっては、家族依存を当然のこととするような現状からの脱却が重要です。

そのためには、障害者の暮らしの場の充実が欠かせません。障害者権利条約の第19条は、「障害者が、他の者との平等を基礎として、居住地を選択し、及びどこで誰と生活するかを選択する機会を有すること並びに特定の生活施設で生活する義務を負わないこと」を確保するように締約国に求めています。障害者が意に反して「特定の生活施設」で暮らさなければならないことが問題であるのと同時に、障害者が親・家族との生活を強いられることも問題です。

遠くないうちに、国連・障害者権利委員会から、日本への勧告（総括所見）が出されることになります。その内容を吟味したうえで活用しながら、障害者の暮らしの場の保障を進めていくことが、今後の課題になります。

（4）文化的な生活の創造

障害者の労働や生活の場を豊かなものにすることと合わせて、障害者の文化的活動が十分に保障されるようにすることが重要です。東京オリンピック・パラリンピックの開催が2020年に予定されていたなかで、障害者のスポーツに対する社会的関心はいくらか高まったのかもしれません。しかし、幅広い障害者がスポーツを楽しめる環境が整備されてきたとは言えません。家族による援助に依存するような状況は、スポーツについてもみられます。

文部科学省のもとでは、「障害者の生涯学習の推進」が言われ、「文化芸術活動」や「スポーツ活動」を支援するとした「障害者活躍推進プラン」が2019年に発表されています。その背景には、生涯学習等に対する障害者の要求や、その要求に応えてきた諸実践もあるでしょう。養護学校義務制の実施や養護学校高等部の拡充などに結びついてきた、これまでの教育権保障の取り組みが、「生涯学習」を政策的課題に押し上げてきたとも言えます。しかし、高い能力をもって「活躍」することばかりに価値を置く発想がないか、特別な才能のある障害者を政策的に利用するようなことにつながらないか、といったことには注意が必要です。

障害者権利条約の第30条では、「文化的な生活、レクリエーション、余暇及びスポーツへの参加」についての権利が明記されています。すべての障害者がこの権利を享受できるようにしなければなりません。

そのためには、障害者の余暇活動のための制度の構築も求められます。学校に通う子どもについては、2012年に放課後等デイサービスの制度が創設されました。類似の仕組みを必要とする人は、成人期にある障害者のなかにも少なくありません。

障害児者の生活のありようを構成する不可欠の要素の一つにセクシュアリティをめぐる問題があります。すべてのライフステージに関わる大切な課題ですが、この領域における権利侵害の実態や権利保障・発達保障の課題は、これまで必ずしも十分に論議されてきたわけではありません。全障研出版部の新刊『ゼロから学ぶ障害のある子ども・若者のセクシュアリティ』（伊藤修毅著）なども用いて、

セクシュアリティをめぐる権利保障の課題についても議論と実践を深めましょう。

（5）権利保障の道を描くこと

現状に甘んじることなく、障害者の権利保障のために必要なことを考え、取り組んでいきましょう。

新型コロナウィルス感染症をめぐる事態は、さまざまな分野で従来の仕組みの歪みを浮かび上がらせました。保健所が統廃合によって減らされてきたことも、その一つです。余裕のない医療体制では危機的状況に対応できないことも明白になりました。障害者支援の領域においては、「日割計算」の弊害が改めて顕在化したといえるでしょう。ゆとりのある安定的な職員体制の大切さも再確認されることになりました。また、行政の責任・役割が小さなものになっていることの問題性も顕著に表れました。

障害者自立支援法の成立から約15年が経過し、社会福祉基礎構造改革の流れのなかでつくられてきた仕組みが当然のもののようにみなされる傾向があるかもしれません。しかし、私たちは、現在の仕組みを固定的なものとして考えることはできません。障害者自立支援法違憲訴訟の基本合意（2010年）や障がい者制度改革推進会議総合福祉部会の骨格提言（2011年）などをふまえ、障害者と関係者の実態や要求を立脚点にして、あるべき権利保障の道を描いていきましょう。

Ⅳ. 研究運動の課題

（1）平和的生存権を基盤に、三つの系でねがいを束ねる

新型コロナウィルスを契機として引き起こされた情勢は、社会にもともと存在していた矛盾や格差、差別と偏見を浮かび上がらせました。近い将来人類の存続さえ脅かすような気候変動・気候危機も急速に進行しています。ウィルスがもたらす危機だけに目を奪われることなく、発達保障・権利保障の課題を正面からとらえる必要があります。

新型コロナウィルスの世界的な感染爆発により、無数の人びとの生活が破壊され、いのちが奪われていくなか、アメリカ合衆国では、重度の知的障害、脳性まひ等のある人への治療を抑制したり、人工呼吸器を装着させないという選択肢を含んだガイドラインを作成した州もあります。障害を理由とするいのちの選別は、障害のある人びとのいのちを脅かし、いのちの切り捨てをさらに進めることにもつながりかねず、いかなる場合にも断じて容認できません。

2020年3月31日、津久井やまゆり園事件をめぐる裁判で死刑判決が出され、その後この判決は確定しました。しかし、「障害者は不幸をつくり出すことしかできない」、「生きるに値しないいのちがある」という被告の価値観がこれ以上追及されず、事件の本質も解明されないまま、事件に終止符が打たれることがあってはなりません。今回の事件を忘れることなく、人間のいのちに軽重をつける価値観に抗い、いのちの選別をおし進めようとする動きに向き合い続けなければなりません。

新型コロナウィルス対策をめぐり、異論を唱えることを許さない空気が社会に蔓延し、「自粛」要請による生活の統制が一気に進みました。3月半ばから4月の初めにかけて、新型インフルエンザ特別措置法改正から「緊急事態宣言」発令へと事態はきわめて急速に進行しましたが、自民党は今回の緊急事態宣言に便乗して憲法を改正し、「緊急事態条項」を創設する意向を示したことに注意が必要です。政府の判断で検察幹部の定年延長を可能にする検察庁法改正案も、国民の声に押されて頓挫したとは言え、民主主義の根幹に関わる三権分立を脅かそうとするものでした。未知の感染症の蔓延という危機に乗じて、私たちの自由を奪い、政府の意に沿わない声を封じ込め、平時には実現しにくい政策をなし崩しに強行しようとする動きが顕著であったこ

とは決して見過ごしてはなりません。

私たちは、障害者のいのちと権利を守り、すべての人の発達保障を実現するために、日本国憲法が定める平和的生存権を拠りどころとして、「個人－集団－社会」という発達の三つの系を統一し、民主的に発展させることをめざしてきました。「コロナ禍」の下で顕在化し、あるいは新たに引き起こされた情勢は、集団の系の展開を強く制約するとともに、社会制度の系において人類が築いてきた進歩に対しても大きな反動を招きかねないものであり、そうした情勢の下で個人の豊かな生存と発達の権利が脅かされるという構造を持っているものと見られます。発達の三つの系を断ち切らせず、それぞれの系において一人ひとりのねがいを持ちより、みんなのねがいとして分かち合うとりくみを大切にしていきましょう。

（2）本人や家族のねがいや不安を聴きとり、権利侵害の事実をつかむ

　この間、「自粛」要請による生活や行動の制限にくわえて、新自由主義改革によって弱体化させられてきた社会保障制度の矛盾が、障害のある人や家族を追い詰めています。そうしたなかで、本人や家族が困っていることや不安に思っていることを十分に聴きとり、受けとめることができないまま、不自由な生活を強いてしまっている現実があります。

私たちの研究運動に求められるのは、そうした障害のある人びとや家族の抱える不安と、その背後にある人間的な生活と発達へのねがいをていねいに聴きとること、そのことを通して、障害のある人びとに対する権利侵害の事実を具体的につかむことです。コロナ情勢下での障害のある人や家族の実態をしっかりと記録しながら、多様かつ複合的に立ち現れている権利侵害の事実を総体として明らかにすることで、動かしがたくみえる現実に立ち向かう実践と研究の課題が明らかになります。

　いっぽう、困難な状況をていねいにつかみ、本人の要求をじっくりと探るとりくみが、関係者や関係機関を結びつけ、新たなつながりのもとで、それぞれのライフステージで安心できる生活を保障しようとするとりくみも生まれています。困難な状況下で生まれつつある新たなつながりや実践の芽をつかみ、そうした実践のなかで生み出された事実を共有することが、権利保障の道すじを見出すことにつながります。

（3）実践者のそだちと発達保障労働の専門性

　福祉や教育の現場では、感染の危険性を抱えながら困難な状況にねばり強く立ち向かい、障害のある人や家族の抱える不安に心を寄せて、一人ひとりのねがいに応えようと奮闘する実践者がたくさんいます。本人の不安を少しでも取り除き、ことばと心を通わせあうことで、障害のある人たちと家族のねがいをつかみ、それに応えようとする人たちが、お互いのの不安や悩みを聴き合うこと、障害のある子どもや仲間が示すわずかな変化のうちに実践の展望を見出そうとする努力を励まし合うことが大切です。

　いま、障害のある人びとの発達や幸福の実現に寄与する実践に力を尽くしたいとねがって現場で働く人たちが、これまでの歴史のなかで深められてきた発達保障の思想をわがものとしながら、主体的な実践者として育ち合う道すじはどこに見出されるでしょうか。実践がうまく立ち行かない原因を、自分や同僚など、個人の力量の不足に求める自己責任の発想は、実践と、それを制約する制度などに対する疑問や悩みを抑え込ませる方向に作用します。こうした考え方が幅をきかせる現場では、実践者は自らの実践に手応えを感じにくく、展望を見出しづらくなります。障害のある人びとが困難や葛藤を抱えながらも人間らしく生きようとする姿のなかに、本人たちのねがい、そして自分自身のねがいの実現を阻んでいる社会や政治の矛盾を読みとり、そうした困難や矛盾の根源に共同して立ち向か

う力こそ、発達保障労働に求められる専門性であるといえます。

とはいえ、個人の疑問や悩みを自覚することが、ただちに社会や政治への視野を開くわけではありません。身近なところから、小さな悩みや疑問、自分が実践を通して出会ったささやかな事実を安心して語り合い、聴き合い、みんなで共有し合うなかで、「個人－集団－社会」という発達の三つの系のつながりに気づき、自分や仲間の悩みやねがいと、社会や政治とのつながりへの視野が少しずつ開かれていくのではないでしょうか。

（4）障害者権利条約の水準にふさわしい制度改革を実現する

日本国憲法にもとづき、すべての人の権利を保障することなしには、障害のある人びとの発達保障を実現するとりくみの前進はありえません。この間、2018年の生活保護基準引き下げが違憲であるとして取り組まれてきた「いのちのとりで裁判」の名古屋地裁判決が6月25日に、また強制不妊手術による人権侵害を訴えた優生保護法違憲訴訟の東京地裁判決が6月30日に出されましたが、2つの判決とも、司法が人権救済の最後の砦としても役割を果たしえない現状にあると言わざるをえない内容でした。国内の人権保障の基盤を強固にしていくことがたいへん重要です。

そうした国内の人権保障へのとりくみと結びつき、障害のある人びとのねがい、生活や発達の事実と結びついてこそ、障害者権利条約は、「他の者との平等」を実現させる大きな力を発揮します。国連の障害者権利委員会による政府報告書の審査日程も流動的ですが、今後示される国連の総括所見などを最大限に活かしながら、国内の障害者団体が叡智を結集して完成させたパラレルレポートが示した障害者制度改革の諸課題を、権利条約にふさわしい水準で実現させていくとりくみが大切になります。

（5）仲間をつなぎ、ねがいをつなぐ

私たちの研究運動は、「ひとりぼっちをつくらない」ことを大切にしてきました。対面で言葉を交わすことができない状況に直面する中でも、SNSやインターネット等を活用して、職場の実態や各地の情報を交流する動きが生まれました。支部やサークルでは「語りたい」「学びたい」というねがいをていねいに受けとめながら、ねがいや悩みを分かち合う仲間を求めている人と出会い、仲間とつながり合う方法を模索しましょう。

私たちは、今年9月に予定されていた北海道・旭川での全国大会を中止するという苦渋の決断をしました。いまは、それぞれの職場や地域のとりくみを持ちより、全国の仲間と直接交流し、深め合うことは叶いません。しかし、私たちには全国の課題と地域での研究運動をつなぐための素材がたくさんあります。月刊誌『みんなのねがい』は、毎月各地の実践や運動、研究の成果などを届けることで職場や地域の課題を掘りおこし、自分たちの実践の意義や課題を語り合う場をつくってきました。発達保障の研究運動の成果を科学的に整理し、実践と理論を往還させる道すじを明らかにするための理論誌が『障害者問題研究』です。「発達を学びたい」「実践を吟味したい」という要求に応えて、学習の導き手となるような出版物もたくさんあります。それぞれの地域や職場で、これらの素材を積極的に活用して、新たに出会う人たちのねがいや悩みを分かち合い、発達保障の魅力に触れてもらいながら、研究運動をともに担う仲間になってもらえるよう働きかけていきましょう。

ライフステージごとの発達保障と実践の課題

研究推進委員会　委員長　河合隆平

　今年3月以降、新型コロナウィルスの感染拡大の影響を受けて、さまざまな研究集会や学習会が中止・変更を余儀なくされました。そうした制約のなかでも、地域や職場、サークルではオンラインの仕組みなども活用しながら、語り合いや学び合いを途絶えさせない努力が続けられました。全障研の研究推進委員会としても、コロナ禍が障害のある人びととその家族にもたらす諸困難や権利侵害の実態をつかみ、障害のある人びとの発達保障と権利保障を進めるために何が必要かを論議してきました。そこでライフステージごとに実践研究の課題を整理し、発達保障のとりくみを発展させるための問題提起を行うことにしました。

　問題提起に向けた研究推進委員会の話し合いは9月から10月にかけてなされました。私たちは話し合いのなかで、次のことを確認しました。すなわち、コロナ禍の困難や問題だけに目を奪われることなく、障害のある人びとの発達と生活に困難や矛盾をもたらす根本的な問題に働きかけるとともに、コロナ禍の混乱に乗じて社会の深部で進行する危機に向き合わなければ、障害のある人びとの権利保障と発達保障の発展を期すことはできないということです。そのうえで、困難な状況下でとりくまれた障害のある人びとのねがいに応える実践のなかで生み出された事実を共有することで、障害のある人びとの権利保障と発達保障の道すじをいかに展望するかを考え合いました。

　実践とは、私たち自身の手で、動かしがたくみえる現実をつくり変えていく価値的な営みを表す言葉です。コロナ禍以前に戻ることはできないと言われますが、障害のある人びとの生活や活動を特定の枠組みや様式に押し込めていくことがあってはなりません。障害のある人びとのねがいをていねいに聴きとりながら、そのねがいに応える生活がどうしたら実現できるのか、そのためにどのような制度や条件が必要なのか。そこでは、障害のある人びととともに、だれもが人間らしく幸福に生きるための価値を選びとっていくことが求められます。コロナ禍で先行きが見通しにくい今こそ、「実践」という言葉本来の意味に立ち返り、私たちの実践のなかから、すべての人の権利保障と発達保障のために見失ってはならない、奪われてはならない価値を明らかにしていくことに自覚的でありたいと思います。

　全障研の研究運動の原動力は、目の前にある事実から出発し、事実に即した共同の討論にあります。今回、乳幼児期、学童期、青年・成人期の三つのライフステージに即して、全国大会の分科会等の到達点もふまえた実践の課題を提起しました。これを素材に、それぞれの職場やサークルで大いに話し合い、ライフステージごと、あるいはライフステージを貫く発達保障の課題を交流し合うなかで、実践の展望がつかまれていくことをねがっています。

Ⅰ．乳幼児期の発達保障と実践の課題

「たのしい！」「やりたいけど…」。うれしさも悲しさも含めたねがいをわかちあいながら自分も他者も信頼してのびやかに育っていくための生活、保護者が安心して子育てに向かえる環境や条件はどのようなものでしょうか。コロナ禍で浮き彫りになった課題を通して考えたいと思います。

1　豊かな日々と仲間のいる療育

広島市の3療育センター内の6つの児童発達支援センターでは、春の緊急事態宣言での療育自粛期間、体操や歌や手遊び等を家庭で楽しめるようDVDを作製したり、電話相談・個別療育・分散登園を経て、全員の毎日登園が再開されたのは6月15日でした。大人との関係、子ども同士の関係、温かい身体的な関わりが何よりも大切な乳幼児期の子ども達にとって、これまで当たり前とされてきた日課の流れや、行事など多くの中止や縮小、見直しや検討が必要とされています。そのなかでも、療育の中で大切にしている密となる活動やクッキングが感染症対策を理由に中止となりました。その延長として工夫して迎えた行事の実践を紹介します。

◎「思いはひとつ」

お泊まり会といえば、おひさま農園で育てた玉ねぎやじゃがいもを使って大鍋でつくる「カレー」です。その取り組みはとても大切にされていて、年長さんが買ってきてくれた「カレールー」がないとできません。今年は、買い物も、カレーづくりも感染症対応のため中止です。残念な気持ちがいっぱいのなか、あるお母さんからの提案。「前日に、年長さんからカレールーをみんながもらって、当日の昼、各家庭でカレーづくりを楽しんで、食べてから集まろう！」。その言葉を受けて

「Goodアイディア！」とみんなで実践することになりました。年長さんは、買い物に行けない代わりに、バーモントくん（カレーの神様）からカレールーを受け取り、みんなにカレールーを配ります。年長さんからもらった特別なカレールーを大事に持って帰る子ども達の表情はキラキラしています。当日子ども達が次々と、「カレー食べてきたよ！」と、大盛り上がりで登園し準備万端。その後、夏祭り、キャンプファイヤーと締めくくられました。宿泊もなく、縮小になったなかでも、思い出に残る行事となりました。また、各家庭で色々なエピソードがうまれました。カレーのルー入れや野菜切りや米とぎがお手伝いになった子、偏食が軽減された子…。ピンチがチャンスになり、家庭の生活がさらに広がった経験となりました。本来ならば、夜の父親の会やきょうだい班の取り組み等が組まれ、何より、子ども達の24時間の生活の把握、宿泊経験の大きさは、家族支援としてもとても大事にされています。次年度へのねがいもさらに大きくした行事となりました。

＊

運動会が無事に行われました。わかば園の今年の取り組み絵本は『まゆとかっぱ』（こどものとも社）です。きゅうりグループ（幼児期の課題）の子どもたちは、相撲に勝つために毎日修行。修行をするたびに、まゆちゃんから「やぶいちご」（キラキラのビーズ等で作製したもの）をもらいます。透明な容器に入れるので、日々たまっていくのがわかり、「伝えたくてしょうがない」ワクワクな気持ちも膨らみ、職員や家の人に自慢します。また、かっぱの好物のきゅうりを育てました。きゅうりが苦手な子どもの多いグループですが、苗が枯れた時は本当に悲しく、その後も色々なハプニングのなか、夏の収穫。家に持ち帰り、きゅうりを使って調理した

り、給食で励まし合って食べたりするなかで、どんどん自信をつけて気持ちも強くなっていきました。相撲は「密」になる！？絵本を選ぶときそんな不安もありましたが、子どもの楽しい活動を制限するのは違います。工夫すればできる。人対人の相撲は家でお父さん、お母さんやきょうだいと楽しみ、園では、まゆちゃんやミドリマル（子ガッパ）の人形のキャラクターや、ジャンボマットに壁画をつけて動かしたデッカマル（大ガッパ）と勝負しました。

　もう一つのかっぱグループ（乳児期後半期の課題）は、大きなセラピーボールの空気を抜いて大人が両側面から押すと飛び跳ねる「胴上げあそび」。絵本のように密ではないけれど文句なく楽しい遊びとなりました。肢体不自由児にとって、ちょっとがんばる運動課題に向かうには勇気が必要です。どの子も「よっし、いくぞ！」と自分で決める瞬間があります。その先には、大好きな先生やまゆちゃん、お友だち、大好きな遊びが待っています。会場からの応援も背中を押してくれます。揺れる気持ち、達成感、デッカマルの登場に年長さんの活躍。1年目の親子療育のぱんだぐみとともに、同じ絵本を媒介につなげた感動的な運動会となりました。いい文化を園と家庭で繋げるってこんなに楽しいことなんだ。「ねがい」が育つって、こんなにパワーを生み出すんだと実感しました。

　感染症対策のため、くすのき園（知的障害児）、わかば園（肢体不自由児）と入れ替え制となりましたが、予行演習週間には例年以上に気合が入りました。当日は見られないからこそ、お互いの園の種目を見つめ合う、本番さながらの取り組みとなりました。本番はカットされたお母さん方のマスクをしながらの「鳴子」の出し物も予行の日に披露。懇談（くすのきわかば交流会）も、職員の熱も伝わり、お互い子どもの課題や育ちを知ることの大切さを深めていきました。「別々でしたが、取り組みのなかで保護者の思いは一つになったと思います。一層 "絆" を感じる運動会でし

た。幸せな時間を本当にありがとうございました」。保護者の方の言葉です。

◎子どもが育つ場所

　子どもが育つには、豊かに展開する日々と仲間が必要です。そのなかで、自分づくりをし、保護者の方がどの子も育つ実感や幸せを感じる場所も必要です。これらは急にできることではありません。大切なことを職員や保護者が語り合い、子どもたちは経験を積み重ねる、そんな日々の充実があってこそだと思うのです。児童発達支援事業所も同じです。保育園や幼稚園に通っている子どもたちやお母さん方にとって、安心して自分を出しながら、自信をつけていくかけがえのない場所です。コロナ禍で、行き先の見えない不安な日々は、安心して通える場所があること、当たり前という価値観の重み、仲間と一緒に活動を楽しめることの大切さ等をあらためて感じる機会となっています。

（文責　塩見陽子）

2　ともに育ちあう保護者支援

◎今こそ手をつなごう

　大阪の寝屋川市にあるあかつき・ひばり園。ここに、病院から退院後、0歳児のあみちゃんが親子通園をすることになりました。あみちゃんは、初めての遊びや、友だちに囲まれて笑顔で園生活を楽しんでいました。一方お母さんは、保護者間でも職員に対しても思いをなかなか出すことができず、同じ障害の子どもをもつ親のSNSグループから情報を得ていました。SNSで話題になり「みんな行っているので」ということで訓練に行き、実際に行ってみると必要性を感じずにそのまま行かなくなる…といったこともありました。そんななかでも、お母さんは「わが子のために」と登園を続け、日々の療育のなかであみちゃんの小さな成長を職員と喜び合い、苦手なことも共有してきました。また、定期的に行われる保護者のグループ懇談では、困

りごとをみんなで出し合ったり、発達や障害の見方などの学習もしてきました。

　保護者同士・職員と“楽しいね”“しんどいなぁ”“きょうだいのことで悩んでいて…”など徐々に気持ちを通い合わせてきたことで、療育がお母さんにとって思いを出すことができ、安心できる場になっていきました。あみちゃんと二人でいることが多かったお母さんでしたが、「おいでー」と友だちを抱っこしたり、保護者同士で「○○くん、今笑ったよね」と、友だちの成長も喜び合えるようになりました。

　最近では、ネットやSNSに情報が溢れています。障害のマニュアル本も多数あり「自閉症の子は怒ったらダメなんですか？」と心配になる保護者もいます。一面的な発達や障害の理解は一見わかりやすそうなのですが、背後にある子どものねがい、保護者の置かれた状況には目を向けられておらず、逆に振り回されてしまうこともあります。子育てに悩んだ時には、わが子のことを知っている相手と相談し、成長を喜び合いたいものです。答えが出ない時にも「一緒に考える」関係が大切なのではないでしょうか。それは、時間をかけて双方向のやりとりを積み重ねるなかで、表面にはあらわれていなかったほんとうのねがいにつながっていく過程です。利用料の対価として相談・支援が行われるという一方向的なものではなく、関わる職員自身も価値観を問われ、時には子どもや保護者に学びながら自己変革を求められます。新型コロナウィルスの影響で顔を合わせての育ちあう機会が制限されていたり、感染の不安・対応の不信から理解し合えないことも生まれかねない状況ですが、今こそお互いに手をつないでいきたいと思います。

◎みんなの生活を守ろう

　児童発達支援に関しては、各事業所・園の判断で休所・分散登園がなされたところもあります。子どもたちは、うまく遊べない、生活リズムを整えるのが苦手だからこそ療育に通っています。「ベランダに出て３階からものを投げる」「家のジャングルジムの上からおしっこをする」。関わり方がわからず家で子どもと過ごすことがしんどい、関係が悪くなってしまうという保護者の声も聞かれました。外に遊びに行こうとしても、公園の遊具に「使用禁止」のテープがぐるぐる巻きにされており遊べない。遊べる場所は他の子どもがたくさんいてわが子と比べてしまいしんどくなる。公共の遊び場も予約制になるなど、落ち着いて遊べる場がなくなりました。障害の重い子がいる家庭では、感染がいのちに関わるので買い物にも行けません。週末にみんなで出かけてお父さんが店に行っている間は車で待っている、という家庭もありました。こういった状況に対して、代替的な支援として電話での支援など報酬算定も可能とされ、各事業所・園では電話で相談したり、遊びやリハビリの仕方を伝えるなど工夫しました。一方、代替支援の方法、請求の仕方のレクチャーさえも商売の対象にされています。保護者の悩みが商品化される事態、それを可能にする福祉の市場化という制度設計をあらためて問題にしていかなくてはいけません。

　コロナ禍のなかで「ステイホーム」「みんなで守ろういのちと暮らし」「新しい生活様式」などが謳われました。「みんな」から取り残されている親子はいないでしょうか。「みんなで＝自分たちで」と自助努力に帰されていないでしょうか。安心して子どもと関われる場、すぐにSOSを出せる関係、障害の重い子の場合はショートステイなどの場の整備も含めて、いのちと暮らしを守るための支援が必要です。

　一方、普段は寝かせつけるのにイライラ…朝起こすのにイライラ…時間が迫っているのに朝ごはんを食べないのにイライラ…。時間に追われて生じるイライラが自粛期間中はなくゆとりをもって子どもに関われたという話も聞きます。大人が疲弊させられているのです。経済的に余裕がなく毎日長時間働かなくてはいけない生活、子どもにゆとりをもって

関われない生活の見直しも必要です。「みんなの」生活の質を考えていきましょう。

（文責　安藤史郎）

3　みんなで考えよう

療育の現場における取り組みに、「よくあそび、たっぷり食べ、ぐっすり眠る」という当たり前の暮らしを親子に保障するということがあります。このために、療育へ毎日通い、生活のリズムをつくりながら、保育者やお友達との関係を深め、子どもたちは過ごしていきます。そんな生活のなかで子どもの変わっていく姿を見て、保育者に支えられながら、保護者も子どもと向き合っていきます。保育者も、日々の関わりのなかで親子の様々な変化から、自分たちの実践を振り返ることができます。

このような日々が、新型コロナウィルス流行による生活変化のなかで、大きな影響を受け、当たり前にしようと思っていたことがさらに難しくなりました。また、自分たちの努力と工夫でなんとかしていた困りごと、生活基盤のもろさが浮き彫りになりました。

広島の療育センターの実践では、行事の工夫について紹介されています。感染拡大を防ぐために、行事を中止にしているところも多いです。また、中止ではなく実施を選ぶ場合でも、感染対策を中心とした行事の計画となり、何のために開催するのかわからなくなっていることはないでしょうか。広島の実践においても、開催に至る過程には何を大切にするかという議論があったと思います。その行事の目的を大切に考えることが、どこまでを、どのように実施するのかという新たな工夫につながったのではないでしょうか。

寝屋川市のあかつきひばり園の実践では、SNSに頼る保護者の話があります。家にいなければいけないというなかで、よりインターネットにある情報と関わる機会が増えています。その情報を一緒に確認したり、話し合ったりできる職員や仲間が近くにいればいろいろな視点で考えることもできますが、家で見ているとそれはできません。保護者同士、職員も含めて顔を合わせるということは、疑問や悩みを共有し理解するということにもつながります。

また、「保護者の悩みが商品化」ということも、対応を固定化しないために注意しなければいけないことです。療育の実践は一般化できることと、個別対応が必要なことがあります。もちろん、共通する親の悩みもありますが、各家庭の背景によって生活課題の質が違うこともあります。

＊

あったかいお風呂、ほかほかごはん、ゆったり子どもと関われる場としての家。いろいろな思いを出し合いながら大人も子どもも育ちあえる療育の場。それらはわかちがたく「生活」としてつながっています。生活をまるごと捉えて相談・支援をつなげていく役割は相談支援事業にも期待されていますが、業務の多さにより多忙を極め、役割が「支給決定」に矮小化させられている現状もあります。乳幼児期を専門に行う相談支援事業所が増えないばかりか、収入にならないために指定を取り消す事業所も出てきています。

親の就労や生活基盤とは切り離してニーズや支援を細分化し、それを加算で評価していく支援を広げていくのか。療育に通っている時間だけでなく生活を一体のものとしてとらえ、公的責任の所在も含めて支援の在り方を考えていくのか。どのような価値観をもって支援を考えていくのかが問われています。どの子にも集団は必要なのです。全年齢の療育の無償化、食事提供体制加算の恒久的継続を実現し、「支援」をしないと報酬が出ない、利用料は応益負担という問題に振り回されることなく、安心して運営ができる障害福祉制度をめざしていくことが強く求められています。

大切なことは何か、必要なことをどう残すかという工夫を、みんなで考えていきましょう。

（文責　藤林清仁）

Ⅱ．学齢期の発達保障と実践の課題

今、私たちの生活は、新型コロナウィルス感染症の広がりにより、表面上、大きく変化しました。

学校を閉鎖することが、どれほど感染拡大を防ぐことになるのかという科学的根拠が示されないまま「臨時休校」が断行されました。その間、子どもたちの発達を支えたのは、放課後等デイサービス事業所など、福祉現場の実践者でした。もちろん、学校現場でも、悩みながら、そのときにできる実践を追求しましたが、学校現場と放課後の現場では、「温度差」が生じたことも事実です。

今、子どもたちのねがいを受けとめ、発達を保障するためには、何が求められるのでしょう。私たちは、改めて実践に立ち返り、目の前の子どもの事実から、実践や研究運動の方向性を考え、行動する主体的な実践者でありたいと思います。そのためにも、学校や放課後の現場に生じている矛盾や実践から導き出された教訓を学び合いましょう。

1　子どもたちのねがいを受けとめたい～障害児学級と障害児学校の実践から～

【障害児学級の実践】

（1）物語「三つのお願い」の学習から

「幸せになれますように（6年 姫子）」「お金が貯まりますように（6年 巻男）」6年生にもなると、こんな感じでしょうか。「来年の夏休みの工作が上手にできますように（3年 春岳）」すでに一年も先のことを考えるなんて、おもしろい。「将来、お寿司屋さんになれますように（3年 葵）」いいねぇ。お願いが叶うとしたら、何をお願いするかと聞いてみたときの答えです。今回は、物語「三つ

のお願い」（ルシール＝クリフトン作・金原瑞人訳）の学習を紹介します。小学4年の国語の教科書（光村図書）に以前載っていた物語です。

物語は、主人公ノービィと友だちビクターが、1月1日に自分が生まれた年にできた1セントコインを拾うところからはじまります。それを拾うと3つ願いがかなうという言い伝えに沿って、話が進みます。寒いのを何とかしてほしいと言うと、太陽が少し顔をのぞかせ（お願い1）、その後、コインの力を信じるかどうかでけんかになり、もう帰ってほしい！　と言うと、ビクターは本当に帰ってしまいます（お願い2）。残り1回になったお願いの参考に、母親にほしいものを尋ねると、お金でも物でもなく、意外にも友だちが大切だという答えが返ってきます。そう言われ、ノービィはビクターのことを思い出します。コインを手に、戻って来てほしいと小声で言うと、誰かが向こうからすごい勢いでかけてきて、「どんぴしゃり、お願いがかなった」と結ばれます。

教科書のページで場面ごとに内容を確認しながら、読み進めました。その後、最後の場面で、どうしてビクターが戻ってきたのかを考えました。葵は「コインの力や」と即答。理由を聞くと、コインの力で話が進んでいることを説明しました。春岳は、「また仲良くなりたくなったからかなぁ」姫子「仲直りしたかったんじゃないの」。私が、ビクターも仲直りしたかったということかと聞くと、二人ともそうだと思うと言いました。巻男は「コインの力」と言いかけて、「やっぱり仲直りしたかったんか？」と迷いながら言いました。理由は「わたしに起こったほんとの話」と前置きに書いているから。いいところに注目しました。

その後、絵本も見てみようと思い、図書の先生に探してもらいました。絵本のページをめくっていくと、葵が文章のない絵だけのページを見つけました。母親に「いい友達よ」と言われた後の場面です。教科書ではすぐにビクターとの思い出をふり返りますが、絵本では、ぬいぐるみで一人で遊んでいて、だんだんつまらなくなる様子が、コマ送りで描かれていました。見つけた葵は、実演して説明しました。いなくなってわかった友だちの大事さが、より深く実感でき、ビクターも同じように思って戻ってきたのがよくわかりました。ほっこりとした余韻の残る物語でした。学習したプリントは、お道具箱や連絡ファイルの中に入れて、ずっと大事に持っていた子どもたちでした。（楽しい学級も全国一斉休校で年度末を迎え、私は転勤になりました。子どもたちと、突然のお別れでした。）

（2）今、特別支援学級は…

6月に出された文科省の「新しい時代の特別支援教育の在り方に関する有識者会議」の「論点の整理」には「特別支援教室構想」が書き込まれ、特別支援学級と通常学級との交流が注目されています。私のいる大阪の特別支援学級は、歴史的に交流の時間が多くあります。どの子も通常学級で過ごすのがよいという考えが強く、先輩たちはみな、苦労しながら障害児学級の実践を守ってきました。通常学級でも学べて友だちができるという期待はわかります。ただ実際は、通常学級では学ぶというより、そこにいるだけの状態になりがちです。集団規律に合わせることも求められ、これが近年強くなっているように思います。一方、子どもが入れ替わりでいる特別支援学級で、仲間集団をつくり、学習を進めるには、教員の意識と力量が必要です。ところが、最近では個別学習が中心の特別支援学級が多くなりました。

子どもたちにとって価値ある学習や取り組みを、対等な仲間といっしょにできるからこそ、学びが深まります。そして意欲も育ち、自信もつきます。特別支援教室構想が具体化されることになれば、これら子どもの人格の形成にとって大事なことが、崩れてしまうことが危惧されます。今こそ、私たちの実践や、障害児学級で育つ子どもたちの事実を発信し、みんなで共有したいと思います。

（文責　高橋翔吾）

【障害児学校の実践】

4・5月の休校中、在宅勤務のお母さんとずっとお家で過ごしていた1年生の良ちゃん。6月にようやく初めての学校生活が始まりました。

（1）勝ちたい！

「仲よくなろう」の授業で行った“じゃんけん列車”の初回。良ちゃんは「何だろう？」という表情で押される車椅子に座っていました。その良ちゃんにじゃんけんの番が回ってきます。サイコロじゃんけんに負け、長くなった車椅子の列の一番後ろにつながった瞬間、良ちゃんの表情が変わりました。「えっ、こういうことなの…！」驚きと戸惑いが入り交じった表情でした。こんなふうにわかる、感じることができる子だと思っていなかった私は、驚きました。どういう遊びなのかがわかったんだ…と思いました。2回戦、私が「じゃんけんする？」といくら聞いても返事をしません。もしかして、最後の一人までしないつもりかも…と思った通り、最後の一人になるまで「する？」の問いかけに返事をしませんでした。いよいよ、じゃんけん。手元のサイコロに向ける真剣なまなざし、その腕には力がこもります。勝ちたい！んだということが、腕を介助している私の手に伝わってきます。結果は、負け。「ガーン」という漫画の吹き出しが飛び出すようなショック顔。「もう1回やるよ！」と慰め、3回戦に…。やっぱり良ちゃんはじゃんけんを回避。そして最後に見事、勝利。授業後の良ちゃんの表情は

忘れられません。笑ってる…と確かに感じる満足げで誇らしげな表情がありました。

この遊びが大好きになった良ちゃん。朝、教室で車椅子から降りると、全身を突っ張らせて声を上げたので、発作かな？と思いつつ、「もしかして…」が頭をよぎりました。「かもつ列車、やりたいの？」と突っ張る体を抱っこしながら「まだだよ、3時間目」と伝えると、ふーっと力が抜けていきます。「やっぱり…」となんとも微笑ましいやりとりでした。

（2）関わりのなかで、知り、見えてくる

「わかっている？」、「本当に伝えたいことなのか」、「本人の気持ちなのか」、そんな思いは常につきまといます。けれど、「そうかな？」「もしかして…」と想像し、聞くことで、「やっぱり！」「そうだったんだ」と共感したり、時に驚かされたりしながら、私のなかの良ちゃん像は塗り替えられていきます。

問いかけに対する良ちゃんの応答は様々です。良ちゃんは、医療的ケアが必要で、しんどい発作やどうにもならない強い筋緊張を抱える、いわゆる寝たきりの重症児です。笑顔は、誰にでもわかるほど明確ではありません。表情は、しんどそうに見えることの方が多いかもしれません。応答として受け止めている"うなずき"は、発作の症状や不随意の動きと区別がつかないことも多いです。それでも、小さな表情の変化、"うなずき"、まなざしからや、突っ張ったり、逆にスーッと力が抜けたりといった、私の肌や手に伝わってくるものから、良ちゃんの伝えたいことを受け止め、やりとりしています。良ちゃんの気持ちに思いをはせ、わかろうとする関わりのなかで、私の想像は広がり、鍛えられていると感じます。

（3）良ちゃんのねがいは「自分で伝えたい！」

自立活動室ではホーススイングに乗りたい良ちゃん。「（専任の先生に）乗りたいなら、自分で言うんだよ」と励まし、専任の先生にはそっと耳打ち。おとなしく、神妙にしている間に自立活動の授業が終わってしまった日、抱っこした私に全身を突っ張らせて怒る良ちゃん。言い出せなかった自分に？、助けてくれなかった私に？、どちらかなのか、どちらもなのか…。でも次の授業の時、「言ってあげようか？それとも…」と聞くと、「自分で言う！」と良ちゃん。私は二人を見守りました。こんなふうに、良ちゃんに問いかけ、良ちゃんの表す思いを受け止め、わかってくれる人の輪が広がっていきます。「きっと伝えられる」という自分への信頼と、「きっと伝わる」という相手への信頼が、良ちゃんの中に育ってきていると感じます。

（4）大切にしたいこと

休校中に行われたオンライン授業。画面に小さく写る良ちゃんの姿から、心の動き、伝えたいことはほとんどわかりませんでした。私たちが当たり前のように子どもたちと過ごしていた学校生活。毎日の授業、子どもたちとの関わりのなかで、私たちは子どもの思いやねがいを知り、受けとめ、理解しているんだと改めて実感させられます。そばにいるから感じること、触れているからわかること、働きかけるから気づくことがあります。子どもを知りたい、つながりたいと寄り添い、子どもの思いを想像し続けること、そうやって子どもの理解を深め、子どもとの関わりから学ぶことをこれからも大切にしてきたいです。

（文責　古澤直子）

2　豊かな生活をつくる放課後・休日の活動

（1）放課後活動ならではの実践を考える

放課後等デイサービスは、制度が発足する際、「生活能力の向上のために必要な訓練、

社会との交流の促進その他の便宜を供与すること」として児童福祉法に規定されました。「訓練」が前面に掲げられたのです。その後、放課後等デイサービス事業所が急増するなかでは、「力の獲得」を重視しているという事業所、「学習支援」や「課題に応じた個別指導」を行うという事業所が増えました。

　子どもが「力」をつけること自体は重要ですし、子どもが「学習支援」を必要とする場合もあるかもしれません。しかし、「訓練」や「学習」が強調されると、放課後活動ならではの役割や魅力が曖昧になりかねません。学校教育の単なる補完物のように放課後活動が考えられてはならないでしょう。

　障害のある子どもの放課後活動のなかでは、遊びが大切にされてきました。遊びは、子どもの権利でもあります。「訓練」や「学習」に比べて、遊びの価値が低いということはありません（充実した遊びを保障することは難しいことでもあります）。

　「訓練」や「学習」によって直接的に子どもの「力」をつけることばかりが重視されてはならないはずです。安心できる居場所があること自体の意義、楽しく過ごせる時間があること自体の意義が、確認されなければなりません（安心できる場や楽しい活動は、簡単につくりだせるものではありません）。

　長年にわたり放課後活動に携わってこられた村岡さんは、「放課後活動のよさ」として、「遊び・生活を柔軟に、タイムリーに組織できる」「異年齢集団を多様につくりだせる」「長期にわたって子どもにかかわれる」という3点を挙げています（村岡真治『まるごと入門 障害児の人格を育てる放課後実践』2018 全障研出版部）。

　放課後活動ならではの役割や魅力が、放課後活動にはあります。その内実を確かめ合うことが求められるでしょう。

（2）子どもの生活の全体を視野に入れていく

　障害のある子どもの放課後活動は、子どもたちの生活を豊かなものにしていく営みです。その実践は、本来、子どもの生活の全体と切り離すことができません。

　一方で、放課後等デイサービスの制度は、基本的には、子どもが事業所に来ている時間の活動を金銭的に評価するものになっています。そして、「送迎加算」をはじめ、「家庭連携加算」「関係機関連携加算」「保育・教育等移行支援加算」など、さまざまな加算が用意されています。

　このような仕組みは、「サービス」を切り売りするような発想と近い距離にあります。しかし、そうした発想は、放課後活動の実践にふさわしいものでしょうか。保護者の相談にのることや、事業所が学校との連携を図ることは、「おまけ」の取り組みにすぎないのでしょうか。

　いきなり加算の制度をなくせばよいという話ではありません。けれども、放課後活動を充実させ、子どもたちの生活を豊かなものにしていくためには、本来的にさまざまな取り組みが必要なのです。放課後活動の実践を考えていくときには、事業所の部屋のなか、子どもたちとの活動の時間のなかにとどまらない視野をもつことが求められるでしょう。

　たとえば、日常の生活のなかでの子どもの自由度の増大や、子どもの自信の広がりを考えるならば、放課後等デイサービス事業所による自動車での送迎が見直される場合があるかもしれません（送迎加算をめぐる問題が絡んできてしまいますが）。子どもによっては、公共交通機関を活用して事業所に通うことがあってもいいでしょうし、徒歩で通うことがあってもいいでしょう。可能であれば、自分一人の力で通うことも選択肢になるはずです。

　また、子どもたちの生活を広い視野でとらえるならば、保護者・家族のことも考えなければなりません。保護者・家族の生活に特に目を向けた実践の交流があってもよいのではないでしょうか。政策的には「ペアレント・

トレーニング」が強調されるようになってきていますが、そうした動向についての批判的検討も必要でしょう。

（3）実践の多様な側面に着目する

一人ひとりの子どもの姿に着目した実践報告・実践記録も貴重ですが、家族の生活を支える取り組み、保護者どうしの関係づくりを促す取り組み、学校との連携を進める取り組みなど、多様な実践の経験をまとめ、共有できるものにしていくことも大切なのではないでしょうか。活動場所（部屋）の環境づくり

や、子どもたちの様子を伝える「おたより」の発行なども、実践の一つの側面です。

子どもたちの活動についても、「この遊びには、こういう良さある」「こんな活動をしたら、子どもたちのこういう姿がみられた」「おやつ作りをこんなふうにやってみたら楽しめた」「こんな誕生日会をしている」といったことの交流は、実践を構想するうえで役に立つかもしれません。「実践のマニュアル」を作るということではありませんが、「実践のヒント」をみんなで積み上げていけたらと思います。

（文責　丸山啓史）

III．青年・成人期の発達保障と実践の課題

障害者の青年・成人期の実践的研究課題を、「労働」「暮らし」「文化・レクリエーション」に分けて提案します。

1　「労働」をめぐる研究課題

（1）押さえておきたいこと

青年・成人期における「労働」について深める時、丸山啓史の論考「発達保障と労働」（『発達保障論の到達と論点』2018 全障研出版部）を押さえる必要があります。丸山の議論は、伝統的なマルクス主義の「労働」概念の問い直しを踏まえ、機能障害のある人たちの「労働」に関する共同作業所づくり運動における実践を振り返り、人間発達の視点から改めて日々の実践、労働の在り方、社会運動の進め方について研究課題を示しています。論点は多岐にわたりますが、要点は「人間の発達に適合的なものになるような労働の在り方を変革していくという意味での『労働の解放』と、豊かな自由時間の創造によって人間の発達を実現していくという意味での『労働からの解放』と」の「同時追求」です。これ

は機能障害者だけの課題ではなく、格差が広がり貧困が増大する「新自由主義」（高度に発展してきた資本主義）社会における「疎外された労働」で、労働力を切り売りしながら生活する私たち自身が取り戻していく活動であり社会運動です。特に社会福祉労働が「ケア労働」として主に女性が担わされ、無償や低賃金労働にされてきたジェンダーの視点も見落とせません。

現在、「コロナ危機」の中で、一般就労の場から解雇される当事者たち、法定雇用率のみの確保のために大企業の現場から離され畑作業に従事している当事者たち、クッキーやパン作りなど、商品開発をしつつ地域社会に販売を広げてきた商品の売り上げと工賃の減少、在宅勤務ができない人たちを踏まえた多方面にわたる実践研究が必要になっています。

（2）これまでの経過

発達保障研究集会の青年・成人期の課題研究のテーマは、2017 年は「障害は迷惑ではない」で、相模原事件も受けとめた当事

者中心の内容でした。2018年は「福祉労働者の労働実態と実践」で、ベテラン、若手の現場職員からの実態と実践の報告を深めました。2019年は「福祉労働の現状と職員の発達保障」で、一つの作業所のベテラン、中堅、若手職員が綴った実践と学びを深めました。2020年は「仲間の思いを聞き取るとは―職員の専門性を考える」で、実践者、親、当事者の報告を予定しましたが、コロナ禍で中止になりました。どちらかといえば、当事者の「労働環境」「労働実態」より、当事者に働きかける職員の「労働」と「発達」に焦点を当ててきました。また、「きょうされん」が大切にしてきた「仕事づくり」、「労働」を通して「仲間たち」の「発達」を保障する実践のような「主流」とされてきた課題も十分に取り組めていません。「労働」がもつ場や集団やコミュニケーションに焦点をあてた「仲間たち」と共に創り上げる実践が、取り組めなくなってきた要因分析も求められています。

（3）これからの課題

自閉性スペクトラムや精神疾患当事者にとっては、「労働」というより「表現」を中心とした「活動」に意味や価値が強調されています。NHKの「No art，No life」（誰にもまねできない作品を創作し続けるアーティストたち）に象徴される「表現活動」の研究です。加えて、「コロナ禍」の学習や「生きづらさ」の自分研究も、「労働」問題と重ねて求められる研究です。

本人の努力や職場の理解、ジョブコーチの支援により、低賃金などの劣悪な環境のもとで働き続けてきた当事者も、仕事を失う現状です。就労支援A型、B型などという矛盾のある制度下での「労働」も、売り上げ減の状況で苦戦しています。生活介護の「活動」も、人間の発達と結びついた「労働」も視野に入れた「活動」の実践的な模索が続いています。「失業時代」の当事者の「労働」にも研究課題を広げる必要があります。

政権は「自己責任」を強調していますが、

そもそも自分の「労働」の対価のみで「人間らしい文化的な生活」を続けることが困難な人たちなのです。賃金保障の制度、年金制度の充実、生活保護制度の改善など、「ベイシック・インカム」の研究も含め、生活の安定がなければ「自由な時間」も確保されず、表現活動も学習活動も行えませんから「所得保障」の在り方も含め「労働」の課題を深めていく必要があります。

（文責　木全和巳）

2　「暮らし」をめぐる課題

（1）一段と厳しさを増す障害のある人と家族の暮らし

養護学校教育義務制から40年がたち、障害のある人と家族の高齢化も進んでいます。その中には、家族介護が限界となるケースや老障介護も社会問題化してきています。2019年の全国大会特別分科会「入所施設やグループホームなどの暮らしの場を考える」では、相談支援センターの現場から「成人期で行動障害や重心・医療的ケアの必要なケースでは、睡眠さえままならない介護に追われ、多くの高齢の親は疲れ切っている」「親が倒れるなどの緊急時でも入所施設は1,600名を越す待機者がいて、短期入所すら県内では受け入れ先が見つけられない」、そして「障害のある本人だけでなく、家族全体が貧困、疾病など困難を抱えているケースが増加している」などの厳しい現実が報告されました。さらに、コロナ禍は、障害のある人と家族のいのちと暮らしを支える基盤が脆弱であることを浮き彫りにしました。

（2）暮らしの場を考える運動の広がり

埼玉では、2014年に「埼玉暮らしの場を考える会」が県内5法人の親と職員らによって結成されました。圧倒的に足りない暮らしの場の実態やそれぞれのおかれている状況や思い、とりくみを話し合い、暮らしの場の整

備を求め県との懇談を重ね、2014年12月には「今後ともより重い方から入所できるように施設整備していきたい」と知事が答弁し、2017年12月県議会では「障害者等が地域で安心して暮らせる社会を実現するための環境整備の推進を求める意見書」を全会一致で採択させる大きな成果をあげています。2016年には「全国障害児者の暮らしの場を考える会」が結成され、埼玉、大阪に続き、岡山、滋賀などでも地域組織が結成されています。

（3）「選べる暮らしの場」実現にむけて

障害者権利条約では第19条に「自立した生活及び地域社会への包容」を掲げ、「障害者が他の者との平等を基礎として、居住地を選択し、及びどこで誰と生活するかを選択する機会を有すること並びに特定の生活様式で生活する義務をおわないこと」としています。日本でも、「障害者総合福祉法の骨格に関する総合福祉部会の提言」で、「地域で自立した生活を営む基本的権利」として、「自らの意思に基づいてどこで誰と住むのかを決める権利、どのように暮らしていくのかを決める権利」の保障を謳っています。

しかし、日本では、長年にわたって障害者の介護は、家族依存を当然のこととする実態があり、障害者の生活と暮らしを支える社会資源の整備が質量ともに圧倒的に立ち遅れています。まず、障害のある人の地域生活が家族介護によって支えられている歴史的、構造的問題である現実をしっかり受け止め、家族依存を脱して社会的な介護に転換していくことが必要です。

2020年度の『みんなのねがい』では「高齢期を迎えた障害者と家族〜老いる権利の確立にむけて」（田中智子）が連載されています。障害者家族に生ずる貧困問題が、経済的にも、社会参加の面でも制約（限られた生活）をもたらしていること、高齢化によって生活がさらに縮小していることを明らかにし、家族から社会へとケアを移行していく課題、家族をつなぐ社会的支援の重要性を提起しています。

家族との暮らしでも、グループホームでも、入所施設でも、一人暮らしでも、自分らしい生活が築いていけるように、圧倒的に不足している暮らしの場を質量ともに整備、拡充と支援の内実を豊かにしていくために、具体的な政策提起も含め、引き続き全国的な運動へと広げていくことが求められています。全障研全国大会においては、第52回(2018)、第53回(2019)で「入所施設やグループホームなどの暮らしの場を考える」特別分科会を設けて、各地の状況と運動の交流をはじめました。今後も、障害のある人の暮らしの場をめぐって横断的な議論の場をもっていきましょう。

（文責　細野浩一）

3　学ぶ・楽しむ・文化活動をめぐる課題

（1）学ぶ・楽しむ場の多様な形態での保障

私の妹は40歳ですが、この5年ほどは地域活動支援センターの講習会をほんとに楽しみにしています。「音楽教室」や「調理講習」にでかけ、それが1週間の生活の張りになり、友達との出会いの場になっています。その帰りに隣接する福祉事業所運営のカフェで、仲間内でおしゃべりする時間がもてる。コーヒーを100円で飲める。長年暮らした地域でも、知的障害者が集まって「楽しい会」をもつことは困難だからこそ、そんな場を保障することが必要だと思うのです。

作業所で働く人たちが仕事の後に学び楽しめる場（学齢期の放課後等デイサービスのような）がある。休日に、青年学級のような自分たちの「楽しい会」がある。仲間内でおしゃべりをしながら喫茶する場（障害のある人たちが共に働く喫茶店）がある。そうした場の保障が、「心を豊かにする時間」「私でいていい時間」として「豊かに生きる」ことにつながっていることを、上記の事例は語ってい

す（「青年学級、文化活動、余暇活動」分科会『全障研第53回大会全国大会報告集・長野』2020）。そうした学び楽しむ場を、個々の障害者の働き方や生活の実態に応じて多様な形態として保障することが課題です。それは、「幸せに生きたいというねがい」（「障害のある人の性と生」分科会）に応えた取り組みです。

（2）主権者にふさわしい学びの保障

「もっとゆっくり学びたい」「青春を楽しみたい」との願いに応えた18歳以降の学びの場作りも広がっています。ですが、この広がりを喜んでばかりはいられません。運営母体は、社会福祉事業を行うことを目的とした社会福祉法人、要求運動で作られた「専攻科を作る会」等のNPO法人、営利を追求する株式会社の形態があります。株式会社の参入は、社会福祉事業に対する国の責任を限りなく縮小させた社会福祉基礎構造改革—市場の論理が貫かれている—に拠るものであり、学びの場を商品化し、消費者ニーズやビジネスチャンスと捉えて広がっている側面もあるからです。そこには「ニーズに応える」として、各種検定試験や資格取得など、新たな競争に駆り立てる予備校化の危険もあります。また、利益追求ですから、採算が取れなくなればすぐに撤退する危険も含んでいます。障害のある人の「幸せに生きたいという願い」に応え、主権者にふさわしい学びが求められています。「障害者は不幸を作ることしかできません」（津久井やまゆり園事件を起こした青年の主張）、「『生産性がない』…そこに税金を投入することが果たしていいのか」（LGBTをめぐる衆議院議員の発言）という考え方の根底にある「優生思想」に打ち勝つような〈性と生〉について学ぶ機会も、障害者の生涯学習の一環として求められています（「障害のある人の性と生」分科会）。

「学ぶ・楽しむ」には、文化・芸術、スポーツも含まれます。2020年の東京オリンピック・パラリンピック競技大会の開催は見送られましたが、「メダルをいくつとれるか」といった商業主義に走ることをやめて、この機会に競技場や周辺のまちづくり（車椅子使用者席、トイレ、更衣室、周辺駅など）（「まちづくりとバリアフリー」分科会）が求められます。また、障害の「重い」「軽い」や自分で移動できるか否かで差別されることなく、すべての人が文化やスポーツを楽しめる制度構築が必要です。

（3）生涯にわたる学び楽しむ場の保障

半世紀にわたり続けてきた宮津障害者青年学級があります（「宮津障害者青年学級の47年の歩み—社会に出てからも仲間の保障を」『障害者問題研究』第46巻第3号、2018）。その歩みは、学びの質は、生活年令や人生の生活スタイル（結婚、子育てなど）と共に変化するが、人生（生涯）を通して学びの要求を持っていることを教えています。ここに生涯学習を構築する必要が出てきます。歴史のある障害者青年学級やオープンカレッジの成果に学び、その制度的基盤を確立して継承する必要もあります。

共同作業所の誕生から50年、少なくない障害福祉事業所で利用者の高齢化が進んでいます。高齢になると、病気や親の死去などによって安定が崩れてくる、友人も少なくなり人間関係が希薄になるなど、困難が重なります。しかし、「高齢になっても自分らしく生きたい」（「壮年期、高齢期、中途障害」分科会）とのねがいに応え、高齢者の「思いに寄り添いあきらめずに支援する」文化的な生活の場の保障が必要です。そのためにも、「家族福祉からの転換」（「親、きょうだい、家族」分科会）と公的な支援こそ必要です。

（文責　船橋秀彦）

特別報告

　全障研オンライン集会 2020 では、分野別の４本の「特別報告」で学び合いました。

　本誌には、学校教育の大島さん、放課後・地域生活の村岡さんの報告を掲載します。

1）乳幼児期＝福祉広場（京都）「子どもも大人も楽しく笑顔になる療育実践」
2）学校教育＝大島悦子（大阪）「自我を育てことばをはぐくむ」
3）放課後・地域生活＝村岡真治（東京・ゆうやけ子どもクラブ）
　　　　　　　　　　「コロナ禍のなかでの放課後デイのとりくみと課題」
4）青年期・成人期＝高野貴弘他（北海道・あかしあ労働福祉センター）
　　　　　　　　「北の大地の仲間たち 2020」

学校教育

自我を育てことばをはぐくむ
～安心して過ごせる場と仲間の中で～

大島 悦子（全国障害者問題研究会大阪支部　支部長）

1　はじめに

　みなさん、こんにちは！　私は大阪の小学校で、長年、特別支援学級担任をしてきました。今回の突然の全国一斉休校は、全国の子どもたち、保護者、教職員、関係者の方々に、何をもたらし、どんな影響を与えたのでしょうか？

　子どもたちの発達を保障する大切な学校、そこで営まれてきた友だち、先生との毎日は、どんな意味と必要があったのか。今一度考えていきたいものです。

2　実践

　これからお話するのは、『みんなのねがい』5月号に載せたものです。

　ゆうきちゃんは、6年生の女の子。はーちゃんは、5年生の男の子。2人とも私は、入学時から関わってきました。私は、これまで、子どもたちにはことばや、自我を育て、自分の思いを豊かに表現できる力をつけることをめざして、一緒に特別支援学級を担任した先生や支援員の先生と取り組んできました。

　6年生のゆうきちゃんは、人前でも堂々とした姿を見せました。

　これは6年生の学習発表会の絵です（図1）。ゆうきちゃんも、まわりの子どもたちと息を合わせてことばや歌を歌いました。1

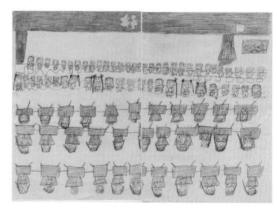

【図1】

人でのせりふも流れよく、はっきりとした声で発表。終わってから、お母さんは、「これまで卒業式は参加できるかどうか心配していたけれども、もう卒業式についても心配ないと思いました」と。12月の特別支援学級（以下なかよし学級）のクリスマス会でも、女子リーダーの姿をみせてくれました。

　そんなゆうきちゃんの入学の頃からのお話をします。

入学～1年～2年生のゆうきちゃん

　ゆうきちゃんは、就学前は大阪府外にいました。入学前にお母さんはビッシリ書かれたサポートブックを持ってきました。ことばは単語での表現であること、集団行動が取りにくいこと、場面切り替えがしにくく混乱しやすいこと。そして何よりも偏食がきつく白い

ご飯しか口にしないこと。入学時は、お母さんの願いから、1年生の通常学級からスタートしました。

2年生。教室の位置が変わったこと。そして、1年生の時の担任の先生と付き添っていたなかよし学級の担任が同時に転勤したこと。ゆうきちゃんはこれから、不安な思いもなかよし学級で過ごすことで紛らすようにしていました。そして、何よりの支えは、放課後等デイサービスでも一緒の1年生のはーちゃんの存在でした。

支え支えられる仲間を育てる

はーちゃんが入学した時のなかよし学級は、1年生から6年生まで在籍児童は24名でした。医療的ケア児は卒業しましたが、さまざまな障害と発達段階の子どもたちを、6人の担任と支援員で指導していました。

はーちゃんは、給食やトイレなど生活面での配慮が必要でしたが、私は何よりも学校に来るのを楽しみになってほしいと思いました。発語は少ないけれど、ごっこ遊びのやりとりを楽しめボールのやりとりもできました。

4月末、初めての学習参観です。私は、手遊びや絵本の読み聞かせをしました。絵本は「ノンタン」シリーズ幼少版を使用。はーちゃんの生活を再現する世界があり、何よりも絵本のことばがわかりやすい題材です。学習が終わると、いつものように寿司屋さんごっこを、みんなで一緒に楽しみました。この活動が、今のはーちゃんの「ことばを育てる」大切な学習であることをご家族の皆さんにお話ししました。

「ノンタンがんばるもん」
〜さかまつげの手術の成功を願って

はーちゃんは、絵本の読み聞かせを続けるなかでノンタンシリーズのお話の世界を楽しめるようになり、あらすじやできごとも理解できるようになりました。

さかまつげの手術をすることになりました。はーちゃんは、生まれた頃から病院と仲良しでしたが、全身麻酔での手術です。私は、はーちゃんの手術の成功を願い、絵本の読み聞かせを「ノンタンがんばるもん」にしました。

この絵本は、ブランコでケガをしたノンタンの話です。いやだけれどもがんばって注射を受ける場面、ノンタンになって「うん。ノンタンがんばるもん」と胸をたたきました。

この様子を見ていたなかよし学級の子どもたちは。このページを色紙にしてメッセージを作りました。

劇のとりくみ

私は2008年現任校に赴任。当時は国語と算数の授業だけを取り出して教える学級でした。その後、いろいろありましたが特別支援学級合同の生活単元学習「なかよし集会」を、週2時間設定することができました。「ことば・お話」「つくる・創作」で1時間ずつ設定。お話では、絵本の読み聞かせを続けました。そうして3年後からは、絵本の読み聞かせから発展した劇遊びの取り組みができるようになりました。この取り組みを、6月の土曜参観で、発表しました。

ゆうきちゃん2年生・はーちゃん1年生の2015年は、絵本「11ぴきのねこ　ふくろのなか」（馬場のぼる作）を、劇にしました。16人の子どもたちと6人の担任と支援員で取り組みました。2人とも、ねこ役をしました。はーちゃんは、パパの姿を見つけるやパパのところへ。でも、一言セリフ「ない」は言え、ゆうきちゃんも、初めての劇。ねこグループの1人として、他の人のセリフの後で同じセリフを言いました。

11ぴきのねこふくろのなか」ごっこ遊びへ

劇の発表が終わると、2人は、「11ぴきの

ねこ　ふくろのなかしよう」と、私と3人の劇をしたがりました。ナレーターを私が。ねこ役とウヒアハ役を交代交代で。どんどん好きなお話になっていきました。また、「ノンタンがんばるもん」ごっこも登場。ノンタン人形や、お医者さんごっこセットでお話を再現していきました。

「イヤだけれどもがんばるもん」の力へ

ゆうきちゃんは、お医者さんが苦手です。学校の検診や注射も受けられません。歯の検診では、「行かない！」と大泣き。私たち担任が説得しても頑として動きませんでした。その翌日が、1年生のはーちゃんの番でした。「ゆうきちゃんもいこか」「イヤだ、イヤだー」って、今日もダメか…。ふと目にとまったのが、ゆうきちゃんのロッカーの中のボンボン。そうや。私は「はーちゃんを応援しよう」と、ボンボンをゆうきちゃんに手渡し、保健室まで、はーちゃん、ゆうきちゃん、そして、私。大きな声で「はーちゃんがんばれ、はーちゃんがんばれ」とボンボンを振りながら歩きました。歯医者さんの前に3人組で並びました。はーちゃんが大きな口をあけて終わり、私が「はい、次はゆうきちゃん」と言うと、ゆうきちゃんも大きな口をあけて終わりました。なかよし学級に戻ると、「ゆうきちゃん　がんばったもん」の嬉しいポーズをとりました。はーちゃんを応援するゆう

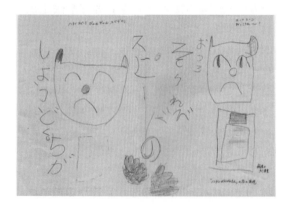

きちゃんが、できないなんていえなかったのです。

そのころです。お母さんから、びっくりの報告がありました。なんとインフルエンザ予防注射を受けることができたのです。私たち担任がほめると、「ゆうきちゃん、がんばったもん」と誇らしい表情でした。

ゆうきちゃんとはーちゃんは、おたがいを支え合う仲間としてなかよし学級で過ごしてきました。2人は一緒に「やりたい」思いを膨らまして、自信をもって学校生活を送りました。これらが土台となって通常学級の交流にも心が向かっていきました。

その後の2人

その後の2人のようすです。
○5年生のゆうきちゃん

劇は「11ぴきのねこ　どろんこ」です。恐竜のお面をかぶり、役になって楽しみました。劇の後の得意技披露でバトンをしました。このときの絵は、バトンをしている自分と、恐竜を演じた自分。恐竜の衣装もがんばりました。どちらもがんばった自分です。
○6年生のゆうきちゃん

体つきもしぐさもグンとお姉さんになりました。昨年度、私の出勤日が減りました。私が来る日はなんとか私と勉強する時間をやりくりして確保しようとしていました。

ある日、はーちゃんと私の勉強する時間が1日の時間割りでとれないことがわかると、ゆうきちゃんは、はーちゃんの通常学級の先生に交渉しに、はーちゃんと一緒に通常学級に行きました。でも、あくまでも、はーちゃんが自分で言えるように励まし、はーちゃんの背中を押し、廊下で応援するのです。無事に言えると、「はーちゃん、来年は6年生やろ。ゆうきちゃんいないから、1人で言わなあかんで」と。なんてお姉さんになったんでしょう。2人のようすをそっと見守ってくれた支援員の先生からうれしい報告がありました。

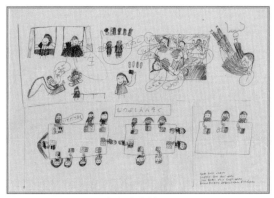
なかよし遠足

お母さんのことば

　２学期終わりごろ、あらためて私は、お母さんから見たゆうきちゃんが変わってきたと思った時期を聞きました。

　するとお母さんは「先生。入学後、しばらくしてから、サポートブックが必要なかったと言われたことですよ。それから２年生になって、パタッと２年生の教室に行けなくなった時に、このまま行けなくなるんじゃと不安で心配したけど。いま思うのは、あの時間は必要だったんですね」と。「なかよし学級で自信をつけてもらったこと。心を育ててもらったと思います」とも。

３　いま、特別支援学級は

　最後にみなさんに伝えたいことは次の３点です。

①子どもに合わせた特別支援学級づくりとそのための教育条件整備を

　特別支援学級が始まって14年。全国の小学校・中学校では、児童・生徒は急増しています。けれども、特別支援学級の学級定数は依然８名のまま。教育の基礎的環境整備や障害に見合った合理的配慮もされないところが多くみられます。

　そして、全国の学校では「学校スタンダード」や通常学級との「学びの連続性」が強く

求められています。また、「みんなと一緒に」と通常学級にいることが、子どもの集団適応の力をつけるものであるとさえ思われています。このようななかで、全国の特別支援学級では、学級づくりそのものが困難になっています。

　私は、特別支援学級の教育では、「生活」「集団」「文化」が大切だと考えています。ひとりひとりの思いに寄り添うことで、子どもの気持ちや願いが大切にされます。子どもの発達に合った学習課題、育ち合う仲間の存在、心ワクワクする教材や行事が子どもを大きく育てます。これが、子どもの発達を保障する特別支援学級と言えます。

②学び、育ち合う教職員集団を

　子どもの見方や発達を担任集団で共通理解を図ることが大切です。子どもだけでなく教職員も保護者も学び育ち合うのです。そのエネルギーとなるのは、実践を仲間と語り合い、実践をまとめ綴ることであると思います。私たちは実践の力をつけていくことと合わせて子どもたちにとっての教育条件の改善も求めていきたいものです。

③子どもたちが安心して通え、子どもたちの笑顔が輝く学校に

　養護学校義務制は「学校に行きたい」「どんなに障害の重い子どもたちにも発達を保障する教育を」と、子どもたち、保護者、関係者の願いを要求に高め、運動に発展させて、かちとってきたものです。

　これら学校教育が生みだしていった障害者運動は、今日にも引き継がれています。

　それをいとも簡単に、３ヵ月も乱暴に奪った全国一斉休校といえます。

　この絵（図２）は、はーちゃんの絵です。卒業式は、ゆうきちゃんの胸に花をつける役割でした。在校生を代表して５年生が、ゆうきちゃんら６年生を送る予定でした。しかし卒業式は、６年生と教職員、保護者のみでさ

【図2】

れました。一方、ゆうきちゃんは「行けな
かった卒業式、ゆうきちゃんにバイバイいえ
なかったオレ」です。中学校に行くことを楽
しみにしていたゆうきちゃん。いつ特別支援
学校が始まるのか、再開の日がコロコロと変
わります。

　見通しがたたないなか、希望でふくらんで
いたゆうきちゃんお心はしぼみ、元気印のゆ
うきちゃんが、4月中ころ、とうとう5日間
も寝込んでしまいました。

　「3密をさける」「新しい生活様式」これら
は、この学校教育のなかで実現できないもの
ばかりです。過大過密を解消し、スクールバ
スを増車し、学級定数を改善すること。これ
が最低条件です。

　どの子にも最善の教育を、大人の責任で保
障しなければならないと思います。学校とい
う場が、友だちや先生と笑い合い、共感し、
笑顔輝く希望の場であり続けることを願いま
す。みなさんとつくっていきたいと思いま
す。

　これで終わります。ありがとうございまし
た。

放課後・地域生活

噛みついた剛史がイメージを楽しむまで
―コロナ禍の不安な心を支える

村岡真治（ゆうやけ子どもクラブ）

1　自分の思いを他者に伝えていけるように

　村岡と申します。ゆうやけ子どもクラブ（放課後等デイサービス事業所。東京都小平市）で職員をしております。

　きょうは、剛史という自閉症の子の話をしたいと思います。コロナ問題も少し絡めて、この子が放課後活動の中でどんなふうに育ってきたのかを報告します。

　剛史は、特別支援学校小学部4年生のとき、ゆうやけに入ってきました。でも、ひたすら電車やアニメの絵ばかり描いていました。風船に、アニメの絵を描いた写真がありますので、見てください（写真1）。

【写真1】

　こうして描いている線がちょっとでも曲がると剛史は、「ヤダー！」と声を上げて、隣にいる人に噛みつくことがたびたびありました。おやつを食べているときも、人が食べているセンベイを横から取って、食べてしまいます。止められると、やはり「ヤダー！」と言って、隣の人を噛みつくことがありました。

　女性職員の井原は、こんなとき剛史に声をかけます。「おセンベイを取っちゃダメだよ。『ください』って言ってみたら」と。剛史は、「ヤダー！」と声を出します。それでも井原が、「大丈夫だよ。この人（職員）は優しいから。『ください』って言ってみたら」と、何度も声をかけているうちに、ようやく小さい声で、「ください」と言います。

　井原が、そのときの実感を私に伝えてくれました。「剛史は自分を出すことを怖がっている気がする」と。

　たしかに、私はその当時、59歳のおじさんだったのですけれど、剛史は私のところにはあまり来ないのですね。年配の男性はちょっと怖いというか、厳しく接してくるようなイメージがあったのかもしれません。

　一方で、女性の職員には、背中にポーンと跳びついて、おんぶをせがみます。でも、おんぶをしてもらうと、目の前に職員の耳があるので、その耳に噛みつくことがありました。

　自分の思いと現実にズレがあると、すぐに気持ちが崩れてしまって、噛みついてしまう。そうした不安やイライラを体ごと受け止めてほしくて、おんぶしてもらうのだけれども、イライラがすぐには収まらない。

　つまり、自分の気持ちを整えたり、自分の

気持ちを他者に伝えたりする力が弱いのではないかと思いました。

　それで私たちは、不安な気持ちを受け止めよう、そのことで、少しでも他者への安心を養って、自分の思いを他者に伝えていけるようにしようと考えました。

2　自分の気持ちに折り合いをつける「背中」

　そこで井原は、剛史が散歩に出かけるとき、それに付き添いました。剛史が背中に跳びついてくるときは、散歩しながら、おんぶをしてあげていました。

　あるとき、散歩中に剛史が駅前のパン屋さんのほうへ走っていきます。放っておくと、パン屋さんに入り込んで、パンを触ってしまうと予想されます。

　そのため井原が、パン屋さんの前で、剛史を止めようとします。すると、その瞬間、剛史は、自分から井原の背中に跳びついて、お

【写真2】

【写真3】

んぶしてもらい、「あっち！」と言って、公園のほうを指差しました（写真2・3）。（パン屋に入るのはやめて、公園に行こう）と、自分から気持ちを切り替えたのです。

　これを私は、あとで聞いて、とても感激しました。ちょっとでも、自分の意図と現実がズレると人に噛みついていた剛史が、自分で気持ちを切り替えたからです。

　剛史にとって「おんぶ」は最初、自分の不安を受け止めてもらう「背中」だったわけです。けれども、井原と散歩をするのをきっかけにして、自分の気持ちを切り替えたり、自分の気持ちに折り合いをつけたりする「背中」へと、意味が変わってきたなと思いました。

3　大胆に自分を押し出す

　その後、こうした活動を続けるうちに剛史は、小5・小6になってくると、ずいぶん落ち着いてきました。噛みつきは、ほとんどなくなりました。

　おんぶも、いつもではなくなってきました。学校からゆうやけに着いたとき、（学校の緊張をほぐしたい）と言うかのように、おんぶをせがむ。あるいは、フォークダンスをみんなでしているとき、おんぶをしてもらって、音楽に合わせて体を揺さぶってもらう。そうした場面に限られてきました。

　男性の大人が苦手なはずなのに、私のところにもやってくるようになりました。私がイスに座っていると、後ろからそーっと近づいてきます。私は、（あれ、どうしたのかなあ？）と思いつつも、気づかないフリをしています。すると剛史は、私の背中のほうから両手を伸ばして、私の頭のてっぺんを撫で回すのです。（どうして、髪の毛がこんなに薄いのかなあ）と調べるようにしているわけですね。

　本当に大胆に自分を押し出せるようになったなと思います。

4 子ども理解を共有し、働きかけは持ち味を生かし多様に

こうした話をさせていただくと、ときどき、こんな質問を受けることがあります。「小学校高学年の男の子を女性職員がおんぶしていいのでしょうか？」と。

でも私は、「この子は高学年」というような、外面的なことは、いったん横に置いておきます。それよりも、（なぜ噛んでしまうのかなあ？）と、「噛む」という“問題行動”の中に込められた、その子の内面の理由を探ってみます。

そのためには、子どもの事実を出し合いながら、職員間で話し合ったり、考え続けたりします。そうすると、“問題行動”に込められた、その子の内面が少しずつ見えてきます。

そんな検討をしながら、井原の場合は、剛史の散歩中のおんぶにつき合いました。こうしたおんぶは、剛史が安心して自分を押し出すために、剛史と井原とのあいだで成り立った、1つの方法にほかなりません。
子どもは、気持ちが十分に受け止められれば、体は自然に離れていきます。離れていても安心だと思えるからです。

しかし、おんぶすることを、ほかの人が真似する必要はありません。腰に負担をかけてはいけない人もいます。安心をつくり出す方法は、人によって、さまざまにあるはずです。よく、「支援の統一」ということが言われて、誰もが、同じ形の支援をしようとすることがあります。しかし、何よりも、子どもをどう理解するかを職員間で共有する。そして、子どもにどう働きかけるかは、それぞれの持ち味を生かして多様に行なう。そうしたことが、本当の意味での「支援の統一」なのだと思います。

5 コロナ問題で学校生活が変わる

さて、今年3月、剛史が小6最後の月のことでした。コロナ問題で学校が突然、臨時休校しました。

ただし、学校では「一時預かり」ということをしていて、学年によって学校に行ける日がありました。学校に行くと、担任の先生が休まれていて、別の先生が対応することもありました。

4月になって剛史は、中学部に上がったのですけれど、授業が始まらないまま、「一時預かり」で学校に行ったり、行かなかったりということが続きました。
ゆうやけには毎日、参加してきました。しかし、大声で叫ぶ、人を叩く、おもらしをするなど、非常に不安定でした。学校での生活が変わって、不安が募っているのだと思われました。

ゆうやけ自体は毎日、活動をしているのですけれど、コロナを心配して、子どもの出席人数が減っていました。いつもよりは静かな雰囲気の中で活動をしていました。

6 粘り強く他者に働きかけるからイメージを楽しめる

そんなある日、こんなことがありました。男性の非常勤職員の青山が、手先が非常に器用なもので、段ボールで“拡声器”（ラッパ型のもの）を作っていました。そして、子どもと離れて、声を出し合う遊びをしていました。ほかの職員も、紙コップで糸電話を作って、子どもと離れて、声を出し合って遊んでいました。

すると、それを見ていた剛史は青山に、「東京タワー作る！」と言うのです。青山は、（えっ、東京タワー？）と思ったようですけれども、器用ですので、東京タワーっぽいものを作り始めます。

そうしたら、剛史が（これは違う！）と思ったらしくて、「ヤダー！」と声を上げます。ただ、噛みついたりはしません。

それで青山が、「何を作ってほしいのかわ

かんないよ」と言い返します。剛史は、「ヤダー！」と、また怒るのですけれど、やはり噛みついたりはしません。

しばらく何かを考えているような様子でいて、私のところにやってきました。そして、「村岡さん、紙コップください！」と言うのです。「紙コップ」というのは、たぶん糸電話のことです。（糸電話がほしい！）と言いたいらしい。

それから、テーブルに置いてあった "拡声器" を手にして、青山のところに行って、「これ、もう1個作る！」と言います。

こうして、糸電話の紙コップを持ってきてもらいました。それから、もう1個、"拡声器" を作ってもらって、"拡声器" が2つになりました。

すると剛史は、"拡声器" 2つを並べて、それぞれに紙コップ2つを逆さまに乗せます。そして、2つの "拡声器" を離して置いて、紙コップのあいだの糸を張ります。この糸の張り具合を何度も調整しているのです（写真4）。

【写真4】

私は、（ああ、あれだ！）と思いました。「鉄塔」と「送電線」なのです。

以前、剛史のお父さんから聞いたことを思い出しました。剛史は週末、家の中でおとなしくしていられないので、お父さんと一緒に、延々と電車に乗っているようです。電車の窓から外をずーっと眺めていて、鉄塔が見えると、それを見つめているそうです。（ああ、それをイメージしてるんだな）と思いました。

要するに、鉄塔なら鉄塔というように、何かをイメージしながらモノを作るわけですけれど、それだけにとどまらないで、本当に粘り強く他者に働きかけているのです。

私のところには、少し考えてから、「紙コップください！」と言いにきました。青山には、「何を作ってほしいのかわからない」と言われても、青山はとにかく上手に作ってくれるということを剛史もわかっていて、「これ、もう1個作る！」と言いにいきました。

そういうふうにして、粘り強く他者に働きかけるから、イメージしながらモノ作りが発展していく。そのことでイメージをいっそう楽しめる、ということなのだと思います。

7　「できること」だけでなく、「人間としての豊かさ」を

私たちがこれまで大事にしてきたことは何かなと振り返ってみると、特別なことをしたわけでは決してありません。言ってみれば、不安になりがちな剛史の心をひたすら受け止めようとしてきた、ということに尽きると思います。

しかし、そのこと自体が、どんなに大事だったろうかと思います。他者への安心を養ったり、自分と他者の気持ちをやりとりする力を培ったりすることができたからです。

剛史は、言葉は話せるし、絵も上手に描ける。だから私たちは、そういう「能力」に着目しがちです。けれども、そうした「できること」だけではなくて、自分の気持ちを相手に伝えたり、相手とのあいだで気持ちを擦り合わせたりする「人間としての豊かさ」、つまり「人格」を育てていくことがどんなに大事なことかと思います。

こうしたことがあったからこそ剛史は、コロナ問題で、とても不安なのだけれども、大きく崩れることはなくて、踏み留まることができました。そして、イメージを膨らませて他者に働きかけながら、さらにイメージを膨

らまして楽しんでいけたのではないかと思います。

とは言え、こういう意見があるかもしれません。「特に何かを意図的に働きかけたのではなくて、活動しているうちに、自然にそうなっただけではないか」と。しかし子どもは、その場の雰囲気も含めて、放課後活動ならば、放課後活動の生活全体をとおして育っていくものです。できるだけ無理のない形で、時間をかけて、子どもの人格をじっくり醸成するような生活を組織できるのが、放課後活動のよさだと思っています。

「他者に依存しつつ自立する」（竹沢清）。不安があっても、そんな心を支えるような「心のバネ」（白石正久）を育てる。そうしたことを大切にしていきたいと思います。コロナ禍にあっても、放課後活動の遊びや生活をつうじて、子どもの心を育てることの大切さを、剛史からあらためて教えてもらいました。

どうもありがとうございました。

ミニ学習講座①　　　伊藤修毅（日本福祉大学）

ゼロから学ぶ
障害のある子ども・若者のセクシュアリティ

■ 2020 年 8 月に全障研出版部から『ゼロから学ぶ 障害のある子ども・若者のセクシュアリティ』が刊行されました。同書は『みんなのねがい』2019 年 4 月号から 2020 年 3 月号までの連載を元にまとめられたものです。ミニ学習講座は単行本の内容に沿って行われました。

今日は、1999 年に世界性科学会議が出した「性の権利宣言」に沿って障害のある子ども・若者のセクシュアリティについてお話しします。この宣言で、セクシュアリティは障害の有無に関わらず権利であると明示されていることをまず押さえておきたいと思います。

●ふれあいを保障する

「性の権利宣言」の前文には、セクシュアリティは人格に不可欠な要素であり、発達するものであるということ、セクシュアリティが発達するためには「ふれあうことへの欲求」が満たされる必要があることが述べられています。一方で特別支援教育などの場で蔓延している「腕一本離れなさい」というフレーズは、「人とふれあうことは悪いことだ」という誤学習につながり、社会生活にも支障をきたすようになります。

今年は新型ウイルス流行のなかで「ソーシャル・ディスタンス」という言葉が出てきましたが、私たちにとってふれあいはとても大切なもので、感染予防に注意をしつつ、少しでも人とふれあう、人と関わり合うことを意識していくことが求められます。とりわけ学校や放課後等デイなどで、ふれあいのある遊びやとりくみを意図的におこなっていく「ふれあいの文化の教育的保障」が望まれます。

●「性の権利」

次に、「性の権利宣言」に書かれている「性の権利」の代表的なものを見ていきます。

1 つ目は「性的強要、性的搾取、性的虐待を排除する性的自由への権利」です。性的強要・虐待の加害者はよく見知った人や身近な支援者であることも多く、「知らないおじさんに気をつけよう」だけでは性被害の防止にはならないことを押さえておく必要があります。

2 つ目は「自分自身の身体をコントロールし、楽しむ権利」です。性の権利にはマスターベーションの権利も含まれています。きちんとマスターベーションできるようになることが性的自立の第一歩になります。

3 つ目は「性的平等への権利」です。セックス（外性器の形状に基づいて割り当てられた性）や SOGI（性指向・性自認）は多様であることの理解は、人間のセクシュアリティを考える上でとても大切です。また、「性の権利宣言」にはさまざまな障害があっても性的に平等であり、差別があってはならない、とあります。

●セクシュアリティに肯定的に向き合う

2014 年改訂版「性の権利宣言」では、すべての人が包括的セクシュアリティ教育を受ける権利があり、セクシュアリティや快楽に対して肯定的なアプローチをその基礎に置くことが明示されています。セクシュアリティに肯定的に向き合うということは、単行本をまとめるにあたっても一番ベースにおいた考え方です。

セクシュアリティ教育では、自分のからだを知り、自分のからだを肯定的に受け止めることをまず大切にしてほしいです。そのためには性器にはちゃんと名前があって、私たちのからだはわいせつではないということを押さえましょう。また、「赤ちゃんはどこからきたの？」というような子どもの疑問から逃げずにセックスの話にも避けることなく向き合い、安心・安全なセックスのための科学的知識を伝えていきましょう。

障害のある子ども、若者のセクシュアリティの発達を保障するということは決して容易な道のりではないでしょう。ぜひ、単行本も読んで学んだみなさんと一緒にその道を歩んでいくことができたらと思います。

ミニ学習講座②　　細渕富夫（川口短期大学）

障害の重い子どもの発達と生活

■ 2020 年 8 月、全障研出版部から『障害の重い子どもの発達と生活』が刊行されました。同書は『みんなのねがい』2019 年 4 月号から 2020 年 3 月号までの連載を元にしています。この学習講座はこの本の内容に沿って行われました。

●障害の重い子どものいのち

日本では近年、新生児死亡率が低下しています。その中心的役割を果たしているのが新生児集中治療室（NICU）です。未熟児や低体重で生まれて濃厚な医療が必要と判断される子どもたちは、短期間で退院とはならず、しかし病床には限りがあるので、NICU が満床という問題が生じています。

医療依存度の高い子どもたちが在宅生活ができるシステムを整える必要があります。病院から自宅への移行を支える中間的施設、訪問診療、訪問看護、レスパイトケアなどの医療・福祉サービスをニーズに合わせてコーディネートする専門職、そして発達を支援する児童発達支援などの療育の場が就学まで切れ目なく保障されるようにしたいものです。

●特別支援学校教師の専門性

教師には医療的知識、運動発達や外界をどう認識するかなど発達全般の知識が求められます。私は、これらとともに、障害が子どもにもたらす苦しさに共感する力を専門性としてあげたいと思います。

私たちは、「反応が乏しい」ということばを使って子どもに接してきました。「見たい」「動きたい」という思いが実現しないことが長くつづくと、思いそのものがなくなっているように見えます。しかし擦り減ってはいても、「思い」はあるはずです。それをいかに見つけていくかは私たちの課題です。

●身体を通して心に働きかける

運動の障害は子どもに深刻な痛みと不快感をもたらしています。これを取り除いて身体を楽にする課題があります。楽にするためには、その子にとっての心地よさを知る必要があって、どういうときに快が起こっているのかを探すことがとても大事です。

快の状態が見つけられたら、気持ちいいねと子どもとその気持ちを共有します。「快の情動共有」、つまり快を個人のレベルに終わらせず、他者と共有す

る場面をつくっていくことが、心を外に開いていくひとつのきっかけになります。

●コミュニケーション発達の基盤

「コミュニケーションがとれない」ということを子どものせいにせず、私たちの問題として引き受けることも大事な視点だと思います。

コミュニケーションのベースは気持ちを通じ合わせることにあります。快の体験を、他者（例えば親や教師）との関係に組み込んでいくことが重要です。微笑みを子どもに返すことによって、両者の関係が高まっていく、子どもの中に共感が蓄えられていくという関係があると思います。そのためにはかすかな情動変化を教師が受けとめ、意味づけ、子どもにわかりやすく返してく。これが子どもの心に体験として蓄積していきます。

●子どもの気持ちになる

「きょうは寒いねぇ」など言葉に気持ちを込めると、子どもの表情がわずかに動くことがあります。「子どもの気持ちがわかる」ということは、気持ちを解釈するということではなく、自ずと伝わってくるという感覚だと思います。子どもの発する動きや表情に教師が受けとめたことを確実に返すことによって、その子の思いがより強くなっていきます。気持ちの動きに言葉を添えて、表情豊かにして話しかけたいものです。

この子たちの生活は基本的に受け身です。明確な応答がなくても、こうするね、いいかなと言葉をかけ、応答を待つことが主体性を確保することになります。子どもに尋ねる関係でかかわる、動いたことに気づいたよと動いた部分を抑えたりして伝えることも必要でしょう。動いたことが外界の変化とつながって、外界に向かう力、能動性となって本人の中に蓄えられていくのです。

オンライン集会
各地のようす・参加者の声

　オンラインであることに対する内容への不安はありましたが、実践にも大変役立つ考え方、接し方のヒントがたくさん散りばめられており、参加してよかったと思っております。
　「どんぐりの学校」には、内容にも、生徒さんの気迫にも衝撃を受けました。指導される先生方の覚悟も伝わってきました。目の前で拝見したかった！　と、それだけが残念でなりません。DVDは購入させていただき、今後の参考にさせていただきたいと思っております。
　また、スライドが見にくく、お話も聞き取りづらい先生がおられたのがとても残念でしたが、それ以外は大変満足しています。

　細渕先生の講座、聞き取りにくくて残念。でも内容は80年代後半のいずみ園のこどもたちのことを思い出していました。
　福祉広場、子どもたち対忍者にするのは楽しい実践ですね。
　性の問題はちょうどお母さんから相談があったところでした。仕事で先日ちょっとうまくいかないことがあり、ため息でしたが、また子どもたちとあせらず、丁寧に向き合っていこうと再確認できました。
　今回は支部のみんなに呼び掛けそびれていまいました。また『みんなのねがい』学習会の折に、すこしでも、見てもらおうと思います。

　実践の中身を深めるという点では、どれも「広く浅く」的ではあったけど、時間の関係から致し方ないかなと思います。やはり、みんなで見て語り合う、ここが大事なのでしょうね。いつになったらもとのように「集って、学んで、語り合う」ことができるのか、見通しが持てない中、今回の試みは新たな学びの形としての第一歩でしょうか。　今回はみんなで見ることができなかったけど、サークルだよりで参加者の感想を交流したいと思います。

　オンラインの大会で、他の方と語り合う機会はありませんでしたが、集中して視聴でき、また何度も見直すこともできる報告や講座もあり、参加しやすいと思います。大会の会場から遠くに暮らすものにとっては、オンラインでの配信と併せて今後も開催していただけるとありがたいです。

　家族二人で参加（視聴）しました。北海道の演劇、ゆうやけ、いずれも映像をぜひ見たい！　と強く思わせてもらう内容でした（他の報告も、「みんなのねがい」を再度読み直したい、本を読み直したいと思うものばかりでした）。初めての試みでしたが、さまざまな工夫がなされていたためか、（今日一日ですべての視聴でしたが）興味深く集中してみることができました。。

　たくさんの学びがありました。本当にみんなで作った全障研大会だったと思います。
　父とはSkypeで中継しながらそれぞれの自宅で見ました。画像も鮮明だったので、何人でやっても良かったかなとは思いました。意見交換しながら見れました。

　大会が、今年は九月開催で、仕事の都合で行けそうもなかったので、こういった形、ありがたかったです。
　やっぱり、直接みんなが集まっての開催がいいけど、いつもの全国大会以外に、オンライン集会の機会もあってもいいかなと思いました。

　長い時間でしたが、全国のみなさんとつながることのできた貴重な時間となりました。自分とは違う分野の方のおはなしはほんとに新鮮だし、自分に足りない部分も教わる気持ちです。現場での新学習指導要領の話のたびに暗い気持ちになってしまうのですが、子どもたち、親、教師のねがい　はなんのかをつなげていけば、道は拓けると勇気をもらえました。
　学習講座は別の日に学ばせていていだきます！ありがとうございました。！北海道にはいけなかったから、わたしてきにはラッキーな集会でした！

　みんねがの学習会の仲間と一緒に見ました。1人で見るのもいいですが、仲間と見るとその場で内容が深められるので良かったです。

　とても楽しい集会になりました。一人ではなく、みんなで観ることで、共有できたのがとても良かったです。千葉支部は少人数でしたが、色々な意見をみんなで言い合えることができました。オンラインを使って支部として出来る事を増やしていこう！というお話しもできました。
　大会運営に関わった方々、本当にお疲れ様でした。ありがとうございました。

　なかなかみんなで集まることのできない時期ですが、オンラインという形でも学習の機会がもてたことは大変貴重でした。昨年は運営側で、じっくりと学ぶ状況にはなかったので、新たなメンバーも含めて一緒に学習することができたことはよかったです。ただ、かなりコンテンツが詰め込まれていたので、次々に再生していかないと時間に間に合わず、1つ1つについて感想を交流することができませんでした。これからさらに深めていく必要があるのかなと感じています。
　「いっぱい喋りたい！」という声に応え、これを機に実践交流や実践の悩み相談ができるサークル活動を始めたいと考えています。さっそくお盆中に第1回が実現しそうです。

　どの内容も素晴らしかったです。
　基調報告は、事前に視聴しました。一つひとつの報告をじっくりと聴くことができて、全体会の熱気とはまた違った静かな感動を覚えました。報告では、行ったことのない福祉広場さんやゆうやけさんの中を見学できて得した気分になりました。オンラインならではかもしれません。三重支部でも、当初みんなで集まって参加する計画がありましたが、県内の新型コロナウイルス感染拡大を鑑み、各自が自宅で視聴する方式に変更となりました。おそらく10名程が参加したと思います。少し残念です。次年度は、全国大会や各ブロック集会が無事に開催されることを祈っております。

　全障研は私が目指す方向性と一致していて、いつもパワーをもらいます。
　みなさんがんばっていることを知り、改めて日々の仕事に生かしていきたいと感じました。

　コロナ禍での史上初めての試み、お疲れさまでした。
　生配信が最初と最後のみでしたが、もう少し時間は長くてもいいかなと思いました。リアルタイムであがってくるチャットの書き込みで名前を見ると、やはり全障研の仲間に会いたくなるなぁと感じました。
　全国大会の参加を毎年楽しみにしていた各地の青年たちが、オンライン集会に接していたかも気になります。もし、パブリックビューイングに参加した青年たちの声があるようなら、何かで紹介してもらえるといいなぁ。
　鳥取支部では、全国大会になかなか参加できない会員が、オンライン集会に参加したという報告がありました。世は「ソーシャルディスタンス」ですが、それにより物理的・心理的にも、個の強調やそれによる個人や集団の分断化が様々なところで目立ちます。今こそ、「発達保障」を掲げる私たちの研究運動が果たす役割が重要になっている、そのようなことを実感する機会になりました。

　全国大会への参加はもう20年以上遠ざかっていましたが、今回はオンライン大会だと聞き、喜んで参加させて頂きました。若かりし頃は、職場の先輩方に連れて行かれる感じで参加していましたが、今となっては出不精の自分にとってとても有り難かったと思います。参加すれば刺激になるし、勉強になり、元気やヤル気が出るのはわかっているのですが…。
　全国大会がなくなってほとんどのみなさんにとってはとても残念であったかもしれませんが、私のような者にとっては、今回のオンライン大会は、家に居ながら全国の雰囲気を体感できるとてもいい機会になりましたし、これからもこのようなオンライン集会を開催して頂ければ、全障研の敷居が低くなり、気軽に勉強ができる環境ができ、会員も増えるのでは…と思うのですが。是非今後とも様々な企画をお願いしたいと思います。

　初めて体験したリモート集会でした。自宅で孫と遊びながら傾聴するのは不思議なこと。一生通じて最初で最後の大会になってほしいものです。やはり現地で対面し生身の体温と暑さを感じる大会に参加したいですね。

　大阪支部は、センターに集まっての参加でしあが、ずぼらな私は自宅からの参加でした。特別報告やミニ学習講座を視聴した後でその内容をどのように受け止めたのかを交流する必要があったのだなと思いました。そういう点では、ずぼらをしてしまった私は、失敗だったのかなと思いました。

　オンラインの形ではありましたが、全国の皆が集えたことはとても良かったです。あらためて全国集会の大切さを感じました。こんなにも多くの人とつながっていること、仕事や全障研の活動をがんばろうと思いました。
　コロナになってオンラインでの研修や会議などが増えましたが、直接会えないので実感はわきにくい部分もありますが、離れた人ともつながれる強みがあるのではと思うようになりました。
　今回も500人の参加ということは、参加者層を広げていけるチャンスではないかと思います。
　発表には、マイクはぜひパソコンタブレット内蔵のマイクではなく、ちゃんとしたマイクで音を拾うようにした方が聞きやすいものになると思います。映像は多少ぼけていても良いのですが、音がぼけていると長時間聞くにはより聞こうという注意を払わなければならないので、疲れが増すように感じます。音をクリアにする方がストレスがないように思います。YouTubeの資料も、音がこもっているものが多かったので、マイクを工夫するとより伝わりやすくなるのではないかと思いました。

第 2 部

北海道特集
知ろう語ろう北海道の仲間たち

旭川が呼んでいる
全障研北海道大会に込める思い

大会準備委員長　二通　諭

北海道大会への思い

　2020年に開催される全障研第54回全国大会は、オリンピック・パラリンピックの国内開催と重なります。開催時期、開催地などについて、これまでと異なる発想が求められました。かくして、地域力において傑出し、交通アクセスなどにすぐれている道北の都・旭川において2020年9月12日（土）・13日（日）に開催されることになりました。テーマは「終わらない夏　無限の発達」。

　旭川は、日本の良心ともいえる作家・三浦綾子を生み出した地です。三浦は『銃口』で、戦前の治安維持法によって多くの教員が逮捕された「北海道綴方教育連盟事件」を描いていますが、最も多くの逮捕者を出したのが旭川でした。「生活図画事件」として有名な旭川師範学校の教員と学生が実践した美術教育への弾圧の事実も、〈表現の自由〉喧しい昨今、講演会や展覧会の開催とともにメディアで頻繁に取り上げられています。

　旭川の地における先達の実践は、全障研が追求してきた発達保障の思想と実践と軌を一にしています。大会テーマにある「終わらない夏」の「夏」には、全障研が培ってきた決して途切れることのない「発達保障の思想と実践」が含意されています。その表現形の一つが、演劇「どんぐりの学校」の上演とスライド＆リレートーク「われら北の大地で育つ」によって構成されている大会全体会です。

スライド＆リレートーク
「われら北の大地で育つ」

　スライド＆リレートーク「われら北の大地で育つ」では、1969年に結成された全障研道支部の軌跡を、北海道における障害者の発達保障と権利保障の歴史と重ねて辿ります。以下、3期に分けて概観します。
第Ⅰ期
　1970年代初頭から1980年代後半にかけて、養護学校義務制実施に向けた教育権保障の運動から、障害者の生活圏拡大運動としてのまちづくり運動、卒業後の労働と発達の場としての共同作業所づくり、就学前の保育・教育・療育の体制づくりの運動が発展。
第Ⅱ期
　1980年代末から、教育権保障運動の第二の波として、障害のある子どもたちの後期中等教育の保障、すなわち高等部増設運動が大きなうねりとして発展。間髪入れず1990年代半ばから、教育権保障運動の第三の波として、放課後の豊かな生活づくりの運動が展開。いずれも「実態調査団」方式によって推進。オランダに視察団を派遣（1996・97）し、障害者の性へのアクセスなど、「生活の質」の課題についても探究。
第Ⅲ期
　今世紀に入ってからは、教育年限延長という課題を射程にした青年期教育の新た

な展開、不登校・ひきこもり、被虐待、発達障害などの教育的支援、自助グループ、発達的労働の実践、性的マイノリティをはじめとするマイノリティへの理解と支援、優生思想の克服をめざす実践など、だれもが生きやすい社会の構築をめざす。

全国障害者問題研究会第54回全国大会北海道(旭川)
2020.9.12〜9.13

大会袋のデザイン

「どんぐりの学校」

2017年3月、創部2年目の新篠津高等養護学校演劇部が岐阜県大垣市で開かれた春季全国高校演劇研究大会への初出場を果たしました。97校が出場した全道各地の大会から、18校が全道大会に選ばれ、さらに、北海道から全国大会に出場できる2校のうちの1校になったのですから、まさに快挙です。

「どんぐりの学校」というタイトルの由来は劇中明かされます。生徒たちが、義務教育時代に特別支援学級に在籍したことや、現在、特別支援学校に在籍している事実、さらに家族内での立ち位置、進路についての自身のイメージなど、その内面世界が吐露されていきます。

顧問の山田勇気先生は、本作をはじめ、宮沢賢治作品をモチーフにしながら、時代を撃つ作品を連打してきました。

津久井やまゆり園事件のニュースからスタートする「ましろく怒れり」(2017)は、高等養護学校の演劇部部長も内なる差別意識に気づき、前に進もうとする物語。その発展形としての「鈍行列車に乗ってどこまでも」(2018)の〈鈍行列車〉とは切り捨てられる者が乗る列車。内なる差別意識と真の幸福を問います。「よだかの夢」(2019)は、旧優生保護法・優生思想克服の課題を伏在させたラブストーリー。再び春季全国高校演劇研究大会(2020年3月新潟)出場の栄冠を手にした「オツベルの象たち」は、障害者雇用枠で働く知的障害者とダブルワークを余儀なくされるアルバイト高校生が織りなす物語。若者たちを覆う〈貧困と格差〉を捕捉しています。

そして、2020年9月12日。卒業生による「どんぐりの学校」の再演。これこそ胸を打つ舞台です。この機会を逃す手はありません。

（につう　さとし）

初出　『みんなのねがい』2020年7月号

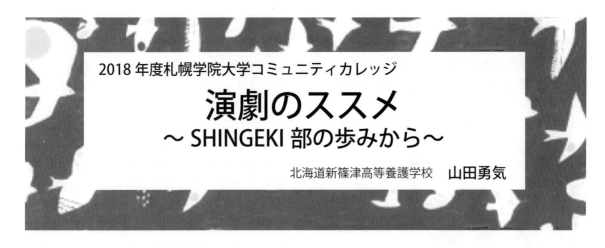

2018年度札幌学院大学コミュニティカレッジ

演劇のススメ
～ SHINGEKI部の歩みから～

北海道新篠津高等養護学校　山田勇気

はじめに　演劇の力を信じて

　振り返ってみると、私自身が学校教育の行事、とりわけ演劇を通して他者との関わり、協働、創意工夫、社会について豊かな学びを経験してきた。今の仕事のスタイルも生き方もそうやって作られてきたと自負する。そして、これまでの実践で演劇の力が今の教育にかかせないという思いは確信に変わりつつある。今回は新篠津高等養護学校演劇部の取り組みを通して、演劇が教育に与える力について考えてみたい。

1　SHINGEKI2015

1-1　創部

　「生活科の子達（比較的障害の重い生徒）の部活が足りないから、演劇部立ち上げたら？」部活動担当の先生から不意に掛けられた言葉から、もう少ししてからと思っていた演劇部の創部に着手することになった。部活動を立ち上げようと思った理由は二つ。一つ目は前任校で学校祭の演劇の力で生徒たちが成長していく確信を持っていたこと。二つ目には高等養護の生徒にも普通の高校生みたいに思いっきり青春させたいという思いがあっ

たこと。「障害があるから、そこまで精神的に強くないから、体力もないから」など周りの大人がガードをかけ、環境を狭めてはいないだろうか。その結果、有り余るエネルギーが別の問題行動につながってはいないだろうか。」と危惧していたのである。北海道の特別支援学校で演劇部が存在していたのは岩見沢高等養護学校（肢体不自由）一校。知的障害の特別支援学校では本校が初めて。本校にはスポーツ系の部活動として陸上競技部、サッカー部、バスケット部、卓球部、スポーツチャンバラ部（本校のみ）。文化系は美術部、合唱部、ダンス部、パソコン部、そして我が演劇部の全部で10種の部活動が存在している。活動も多種多様なのが本校の部活動の特色である。

　本校の部活動は基本的には月曜日と木曜日15：15 ～ 16：30の1時間強の活動しかない。その他の時間は会議などに当てられている。それだけに超過勤務も他校に比べると比較的少ないと思われる。しかし、大会参加などをしている部活動は到底週2回の活動では十分に練習できるはずもなく、大会前の期間は強化練習を組み、月曜日～木曜日17：00までの活動（寄宿舎生活のため17：00まで、金曜日は帰省日のため活動不可）を行う。

1-2　校内から校外へ

　創部１年目は他の部活に入っていた２年生２名からスタート、途中３年生の転入部、新入生から３名が入部し、６名の部員でスタート。とにかく手探り状態からのスタートではあったが、演劇部は「体育会系文化部である」と言い聞かせ、ストレッチと筋力トレーニング、ランニング、発声練習を基本に徹底して取り組んできた。

　その年は石狩支部高校演劇大会の観劇活動を実施。部員たちは初めての遠征、観劇。運営者のご好意で舞台裏の見学もさせていただいた。高校生のエネルギッシュな舞台を目の当たりにして、部員たちは興奮冷めやらぬ状態で帰っていった。その後の部活では「○○高校みたいのがやりたい」「○○役が最高だった！大好き！」など自分たちのやりたいことが次々と出された。

　この年は学校祭部活動発表、卒業生を送る会部活動発表など校内での短い作品づくりを中心に活動した。この年は今考えると小さな活動ばかりだったが、今につながる大切な１年だった。

2　SHINGEKI2016

2-1　福祉園慰問公演「水戸黄門」

　創部２年目。今年は校内だけでなく、校外の活動を中心に据えたいと思っていた。まずは地域からということで村の高齢者福祉施設への慰問公演を企画する。この企画は部長

の生徒が作業学習の一貫で高齢者福祉施設を訪れた際、ホールがあることを知り、演劇部で発表できないかと持ちかけてきたものだった。願っても無い申し出に、施設側も演劇部も快諾し、公演することとなった。演目は「水戸黄門」新篠津村のゆるキャラを登場させるなどして、笑いありのお年寄りにもわかりやすい内容になっている。部活としては初めて校内以外の方に演劇を届けるという経験。カーテンコールでは観ていたお年寄りたちと涙しながら握手を交わし、激励の言葉をいただいたり、代官役には「そんな意地悪なことしたらダメだよ」などお叱りをいただいたりなど演劇を届ける喜びを知った。のちの生徒たちの感想の中には「演劇部に入らなかったらこんな経験できなかった。本当に良かった」「もっとセリフを聞こえるようにしなければ」などどんどん演劇にのめり込んでいる様子が伺えた。自己完結の舞台ではなく観客と一体となった演劇になった瞬間だった。この慰問公演は大切な活動として現在も続けており、2017年からはダンス部との合同公演となり、2018年は落語劇「寿限無」と「まんじゅうこわい」を上演した。

2-2　「どんぐりの学校」

　感傷に浸っている暇もなく、最大の目標としていた「高文連の大会参加」に挑戦への道が近づいていた。演劇部を立ち上げるなら、高文連の大会に出場し、大舞台で演じさせてみたいと思っていた。しかし、高文連演劇大会は高等養護学校では一番大切な時期、現場実習の期間と重なっている。しかし、学校教育で求められていることは職業人を育てるだけではないはず。キャリア教育が叫ばれ続け、勤労観、職業観を育てることが重要視されてきたが、そもそも人格の完成を目指す教育の目的を考えると、働くことだけではないはずである。青年期である彼らが何かに打ち込み、挫折や達成感を味わいながら青春を全うすることは、職業生活を支える礎になると

訴え、現場実習を最優先にすることを条件に大会参加を認めていただいた。

　大会参加するにあたっては創作脚本、それも特別支援学校の現状を部員たちのありのままを描いたものをやりたいと思っていた。この15年高等養護学校で様々な生徒たちと出会い、何度もやりきれない思いをし、でも輝く瞬間を見たくてその度に気持ちをつなぎながら続けてきたが、「障害受容」の問題はとにかく重く私にのしかかっている。今も。答えなんかないのはわかっているが、この問題を伝えたい。そしてこのことはこの子たちにしか表現できないかもしれないと確信していた。

　新篠津に転勤してすぐに新入生の担任をもたせてもらった。十数年ぶりの担任。しかし、1年の終わりに一人の生徒が退学していった。「先生、中学校でオレバカって言われたんだけど、どういうこと？」入学して間も無くその生徒は言った。「わかった、そのうち授業でみんなに教える」そう言って、療育手帳のこと、知的障害のこと懸命に教えたつもりだったが、届かなかった。ついこの間も卒業間際に同じ学年の生徒が退学。自分自身を受け止めきれず、やってしまったことをすべて正当化して自分自身に向き合おうとしなかった。みんないいところがいっぱいあって、学校でも輝いている瞬間がたくさんあって、積み上がっていると思ったのに、崩れ、やめていく。この学校は最後の砦だと思っていたが、そんな時代ではもうないらしい。今回の「どんぐりの学校」はそうしてやめていく生徒を目の前になすすべなく存在する私の夢物語かもしれない。でも演劇なら夢物語も演じられるのではないだろうか。そんな思いを託しながら、初めての脚本創作がはじまった。

　「どんぐりの学校」は障害受容ができない主人公、林が風の又三郎を思わせる転校生との出会いを通じて、成長し、自分自身を受け止めていく物語。冒頭は中学校の時にいじめられていた生徒たちから聞いた言葉がそのまま

セリフとして投げかけられたり、障害受容できない両親が離婚するなどのエピソードもあり、かなり当事者たちが自分の障害に向き合ったり、気持ちをえぐったりしながら演じなければならない。顧問の思いが一人歩きしてもいけないと思い、本人たちの意思確認をした。「これは君たちから聞いた話や先生がこれまで接してきた生徒たちの話から作った脚本です。先生にはわからないような辛い言葉や苦しいシーンも出てくる。それだけに君たちがこれをやるのはさらに嫌なことを思い出させたり、気持ちをえぐったりすることになるかもしれない。ただ、高文連という大舞台に上がるためには他の高校生には絶対できない、君たちにしかできない舞台を作り上げる必要がある。この芝居は君たちにしかできません。そして君たちにしかやってほしいが、どうか？」

　「やりたいです！」「やろうじゃないか！」と即答した生徒もいたが、高文連という通常高校と同じ舞台に立つということは中学校の時と同じ思いをするかもしれないという不安から「ちょっと、不安。心配」「私たちがそんな大舞台で60分もできるのかな」という生徒もいた。一晩、寄宿舎で考えるよう伝えたが、翌日出してきた答えは「私たちにしかできない舞台をやりたい」だった。

2-3　療育手帳をもらった時

　支部大会で最優秀賞という信じられない結

果をいただき、全道大会に向けての稽古の日。その日はあいにくの雷雨。支部大会ではとにかく台本をやりきることで精一杯だったため、重要な主人公が自分の気持ちを怒りと哀しみの中、吐露するシーンをしっかり演じられるように、何度もそのシーンをダメ出ししながらやっていた。するとセリフのない役者たちが、全く他人事で座っており、ひどい生徒はウトウト寝ている…。「こら～！」と巻き舌になりそうなところを押さえ、一度稽古を止めた。

「逃げてるんじゃねえ、逃げてるんじゃねえ、わかんねえんだよ。ぐちゃぐちゃなんだよ。同じなんだ、同じなんだ、馬車別当もどんぐりもオレと同じなんだ。漢字わかんなくて、計算できなくて、がんばっても勉強しないからだって言われて、もう宿題するのもやめた、勉強するのもやめた。そのうち特学入れられて、友達もいなくなった。うちの父さんと母さんはオレがバカだから離婚するっていうんだ。バカだから、バカだから…。先生には、オレ、バカなんだろう。だから手帳持ってるんだろう。役立たずなんだろう…。社会のお荷物なんだろう…。」

一番苦しくて、えぐられるセリフのシーン。あなたたちの思いを主人公が代弁して、それを自分のセリフにしようとして稽古しているのに、他人事なのはどういうことか？ちょっと、みんな自分が手帳をもらった時のこと考えて欲しい。特学に入った時のこと考えて欲しい。そう投げかけ、一人ずつその思いを語ってもらった。「なんか3、4年でだ

んだん算数とかついていけなくなって、お母さんと検査受けに行って、手帳もらって、よくわからなかったけど、バスとか半額になるからラッキーと思ったけど、やっぱりみんなと私は違うんだ…と思って」涙を流しながら話し始めた。「私も5年生ぐらいから社会とか理科はいいんだけど、国語と算数がついていけなくなって、先生からはみんなは新幹線だけど、私は普通列車だって言われて、到着駅は同じだからって言われて…。」「僕はここに来るまで普通学級で普通高校行くと思ってたんだけど、父親にお前は無理だって言われて、手帳取ることになって、オレは違うんだと思って劣等感でいっぱいで、演劇部あるからこの学校に来たんですけど、ここに来たら演劇以外にも楽しいこと見つけられて、ここにいて良かったと思ってます」「オレは、農業高校にも行けたけど、色々あってここに来てて、俺も最初は俺はここに来るはずじゃなかったと思ってたけど、演劇とかにも出会えて、こんな全道とかになって、よく考えてくださいよ、今、ここでこんな環境にいて、楽しまないと損じゃないですか！」自分の障害を自分自身を受容していく過程を見た瞬間だった。一方で、「私は今も、私はここにいるべきじゃないと思ってる。みんなゴメン。小学校5年の時に骨折して1週間入院して、それで勉強遅れて、それからずっと遅れているだけで。手帳もらった時も投げ捨てた。高校受験の時も、普通高校行きたいって言ったけど、全然聞いてもらえなくて、確かに高校入っても勉強ついて行けないのはその時はわかってたけど、今から勉強すれば間に合うはずだったのに、全然聞いてもらえなくて、無理やりここに来ていると思ってる」と正直に話してくれる部員もいた。現実を突きつけられたようなやり切れなさだったが、一度、無理矢理入学させられたという大人への不信感はそう簡単に払拭されるものでないことを痛感した。そんなことも含めて奇跡の瞬間だった。たまたま居合わせた別の顧問は「あの瞬間に居合わせることができたこと、本当に良

かった。なかなかあんな経験できない」と話してくれていた。

　そんな雷雨の産物から全道大会に出場、そして最優秀賞につぐ優秀賞を受賞し、春季全国大会高校演劇研究発表大会の推薦校に選出されることとなった。

3　SHINGEKI2017

3-1　進化

　2016年の快進撃により、新聞やテレビなどの報道があり、あちこちから取材依頼などが殺到した。創部メンバーの貴重な2名が卒業し、新体制がどうなるか心配なところであった。快進撃の翌年ということもあり、新入部員の大量入部を想像していたが、妄想に過ぎなかった・・・。新入生は2名しか入部しなかった。その代わりに2年生から2名の転部があり、合計11名でのスタートとなった。

3-2　ましろく怒れり

　「どんぐりの学校」の改稿しているときに神奈川県相模原市やまゆり園で起きた殺傷事件のニュースを見た。身も毛もよだつ恐怖を感じた。犯人はもちろんだったが、それより怖かったのはそれに同調するかのような声があることだった。ずいぶん混とんとした世の中になっているとは感じていたものの、優生思想の風は弱者に対する風当たりとなってはこんなところにまで及んでいるのかと愕然とした。と同時に「これは書かなければならない」という勝手な使命感みたいなものをもった。しかし、声高に障害者差別を叫ぶような表現ではなく、まず自分自身にある内なる差別心に気づくところからスタートすることがこの問題への向き合い方なのではないかと考え、脚本を書き始めた。我々の生きる社会、所属する組織の中で差別のない社会などない。大なり小なり差別があり、共存しなが

ら生きているといっても過言ではない。谷川俊太郎の「生きる」という有名な詩に「生きているということ　今生きているということ　それは注意深く悪を拒むこと」という一節がある。どんな人にも負の側面はある。大切なことは自分の負の側面に気づき、それを注意深く拒むことができるかどうかなのではないか。実際、高等養護学校内でも障害の軽い生徒が障害の重い生徒に対して「お前らはバカだから」「アイツに言ってもしょうがない」など発言をする生徒がよくいる。発言をしなくても潜在的にそんな思いになっている自分を出発点にしたかった。当時部長だった生徒が中学校の先生から言われた「みんなは新幹線であなたは普通列車だから、到着駅は一緒だから」という言葉からヒントを得て、銀河鉄道を役に立たないものが乗る列車、というレトリックを思いつき取り入れることにした。タイトルの「ましろく怒れり」とは宮沢賢治の「いなびかり　みなぎりくれば　我が百合の　花は動かず　ましろく怒れり」という短歌からとった。単にこの事件の犯人に対して、また同調する世論に真っ赤になって怒るのではなく、心を真っ白にして冷静にこの問題に対して怒りを抱え、行動したい。そんな思いだった。また、やまゆり園事件のニュースで被害者が本名を名乗らない、いや名乗れないという状況にこの問題の闇の深さを感じ、部員たちの役名を本名のままの演劇部員の役として出した。等身大の役をやるというスタイルはどんぐりの学校から変わらず貫いたつもりだった。しかし、石狩支部大会では優秀賞を受賞したものの全道大会に進むことはできなかった。「冒頭の事件に同調するカキコミがセリフとして発せられ、やまゆり園の問題を取り上げていることがわかるが、あまりの重さと暗さがずっとこの作品に影を落としてしまった。」との講評をいただいた。講評で言われたことはもちろんだが、自分の中でもこの作品を消化しきれないまま無理やり完成させて舞台に上げたという感覚はぬぐいきれなかった。それはラストシーン

が見えない、どうすることで希望を見出して終わることができるのかわからなかったのである。それは部員たちも同様、やまゆり園の事件ついて共に考えたが、やはり障害種は同じでも状況が違うことなどから共感するところまでは行き着かなかった。そして銀河鉄道という難解な物語と幸福の追求という難しいテーマを取り扱う状況の中、消化不良のままセリフを言っていることがこの舞台が伝わりきらなかった原因だった。また色々な思いやレトリックを散りばめたもののそれは、あくまで創作者の独りよがりで観客、そして演じている役者自身のものにすることができなかった。

3-3 鈍行列車に乗ってどこまでも

支部大会で優秀賞を受賞したものの、みんなの顔は晴れなかった。こんなに悔しい気持ちはいつぶりかと思うほど、何とも言い難い気持ちで頭がいっぱいだった。支部大会のために現場実習を6週間頑張りぬき、主役に最後まで真摯に向き合っていた部長の顔はまともに見ることができなかった。閉会式を終え、会場外で集合した時、なんの確約もないまま私は「悔しいね。本当にごめん。これは脚本の責任だ。でもさ、書き直してもう一回やろう。どっかでもう一回やろう」と言っていた。みんなは目を輝かせて返事をしていた。でも部長だけは最初のうつろな目のままだった。

「もう一回」と言ったものの、自分たちで会場を借りて、照明を付けて、宣伝をして、つまり自主公演をするノウハウなどほぼ皆無だった。閉会式の後に他の顧問の先生に「もう一度やりたいんですけど・・・」と聞いたが、いい返事はなかった。「採算とれないよ。無理だね。」「照明が問題だよね。」「こういう時はきっぱり、立つ鳥跡を濁さず」などの意見がほとんどだった。「無理なのか・・・」と思いつつ、翌日ダメ元で岩見沢市民会館に出向き、自主公演の可能性を問い合わせたとこ

ろ、障害者の団体ということで、半額の減免措置がとれるということ、また、照明機材等についてもお金はもちろんかかるが、舞台係りの方が全面的にバックアップしてくださる体制があるとのことだった。ほとんど勢いで3月卒業式明けの週末に予約を入れた。

そうして、「ましろく怒れり」はやまゆり園事件からではなく自分たちからスタートすることにし、もう一度脚本を練り直すこととなる。そんな矢先に新たな仲間が加わった。彼は入学して半年はクラスの生徒ともほぼ口を利かず、昼休みは担任と二人で教室で二人たたずむだけの生徒で、学年の間でも心配されていた生徒だった。しかし、1年のころから学校祭の学年劇やかくし芸で異彩を放っていた生徒だった。あまりの演技力に驚き、1年のころからずっとスカウトしていたが、「自分には無理」「自分に才能があるなんてなんの虚言だ」といった具合でほぼ諦めていた。しかし、学校祭前ぐらいから急に私のクラスの教室に訪れるようになり、「今年演劇部は吾輩が入ることで全道大会に進めなくなる思った。吾輩なんていなくても代わりはいくらでもいる。吾輩がいなくても演劇部は全道に行けると思った」など不可解なことを言いに来るようになった。不可解だったが、「演劇部に入りたい」としか聞こえなかった。それから昼休みに絡まった言葉を解きほぐすように、彼の思考に触れていったところ「自分は必要とされたことがない。本当に必要とされるのならば演劇部に入ってもよい。吾輩が入ることで結果が伴わないかもしれない。それでもいいのか。」という他力本願でどこまでも臆病な発信の仕方ではあったが、私には「演劇部にずっと前から入りたかったんだ、なんとかしてくれ」そんな風に聞こえた。彼の入部により、「鈍行列車に乗ってどこまでも」は進み始めた。キャストを半分ぐらい変更し、ストーリーにできるだけ彼らの実体験に近いものを取り入れた。現場実習で知的障害があるが故に数がすぐに数えられず、パートの職員に「あれで私たちと同じ時給なんで

しょ、やってられない」と陰口をたたかれる。これも卒業生の実体験だ。社会に出るとあっという間に弱者となる部長、しかし、学校生活ではマドンナ的あこがれの的。そんな主人公は現場実習での苛立ちを部活で失敗ばかりする後輩にぶつける。この対比は弱者に対して寛容になれない社会そのものである。そして主人公に苛立ちをぶつけられる後輩は、銀河鉄道の夜に登場するカンパネルラ的存在として、どんなに苛立ちを

ぶつけられても優しく、寛容に部長を包みこむ。そんな後輩の存在から主人公は自分自身の差別心と後輩の精神に触れ、気付く。銀河鉄道に扮する鈍行列車はJR北海道の廃線問題の比喩となっており、地方がどんどん切り捨てられていく社会、弱者を切り捨てていく社会を映し出す存在として描いた。途中で乗ってくる乗客たちはそんな切り捨てられたものの代表たちである。最後の乗客は実際の銀河鉄道の夜ではタイタニック号の沈没事故でなくなった家庭教師と子どもたちである。当時衝撃的な事件として宮沢賢治の心象に深く残り、このような形で作品に登場していると推察する。「鈍行列車に乗ってどこまでも」ではこの時代の無慈悲な事件としてやまゆり園の被害者と思わしき少女を登場させた。

　生徒たちは正直だ。脚本が自分たちの中で消化されたこともあり、演技も生き生きとし始めた。特に部長の成長は目覚ましかった。脚本の通り、マドンナで優等生的存在の部長の演技はどこかまとまっていて、心の閉じた演技が多かった。しかし、この脚本に取り組むようになり、解放された演技を見せるようになった。出番のないときもひたすら脚本に向き合う姿に大きな成長を感じた。

　そんな芝居の仕上がりとともに、必死に資金集めに奔走し、仲間を増やし、舞台打ち合わせをこなし、フライヤーを作り、チケットを作り、売り、新聞に投げ込み、とにかくやれることを必死でやった。いくら芝居が、舞台が素晴らしくても、舞台の半分は観客が創るものだから。

　卒業式を終え、翌週岩見沢市民会館まなみーる中ホールにて「鈍行列車に乗ってどこまでも」の自主公演が行われ、2日間で650名ほどの観客を動員した。

　自主公演に向けての保護者の輪の広がり、大会の緊張とは異なる心の底から舞台を楽しもうと心が弾んでいるのが伝わってくる演技だった。「こんな自主公演を創り上げることができるなら、全道行けないのも悪くない」なんて言えちゃうぐらい、顧問も、保護者も、部員も本当に一つになっていて、演劇部を立ち上げてよかった。本当によかったと思えた瞬間だった。

4　SHINGEKI2018

4-1　愛だろ愛

　昔そんなキャッチフレーズがあった、2016年に旭川の全道大会に行ったときに次

の作品は「恋愛もの」を書きたいとなんとなく思っていた。まあ、それから2年が経った。あの時は軽い気持ちでそんなことを思っていたが・・・。その年の冬に当時の部長が性教育の授業で「私は結婚しない、子どもも産まない。だって私みたいな子が産まれたらかわいそうだもん」と言った。心からそう思っていたというよりは、強がって言っているような、自分にはそんなときは訪れるはずがないというあきらめのようなそんな風にも聞こえた。何と言って返せばよいのか、悩みつつ「そんなことないよ」ということが精いっぱいだった。どこかで彼女の言葉がずっと刺さっていた。

　2018年の脚本を書くにあたって、昨年の失敗を生かすべく、生徒たちを出発点にしようと心に決めていた。2月から部員たちにやりたいテーマを自分たちのこれまでの思いを聞き取った。その中でも2017年の12月に入部した吾輩とYのエピソードが対照的でありつつ、孤独と闇に包まれているという点で同じものを持ち合わせているように感じた。吾輩は生育歴から「自分は必要のない存在である。」「本当の友達なんていない。どうせ裏切られるぐらいなら友達なんて期待しない」「リア充は極めて不愉快な人種である」などの発言を繰り返していた。時に落ち込み、誰ともコミュニケーションを取ろうとしない状態になる。しかし、彼のこれまでの体験や母親との関係、思い出などを聞いているうちにこれまで褒められたり、挫折からの成功などの達成感を味わったりしてきた経験が少なく、「必要とされたい」「褒められたい（特に母親）」という承認欲求の強さを感じた。それだけに鎧を着こんで傷つかないように傷つかないように挑戦せず、失敗しない環境で臆病に、慎重に生きていくしかなかったようだった。また、Yは本校入学前まで普通

学級に所属。知的障害があるものの、軽度であり、社会性にはほぼ困難さは見受けられない。しかし、小学校高学年から中学にかけて壮絶ないじめを受けていた。その体験を悲しいぐらい明るく、「先生、水たまりの水って飲んだことあります？飲めって言われて、断れなくて、私あるんですけど、おなか痛くならなかったんです。すごくないですか？」と話すYに吾輩とは対照的な孤独と闇を感じた。いつも明るく、おどけている彼女はまるで道化師のようだった。吾輩は「自分は三次元で彼女ができたりすることは絶対にない！」と断言し、「恋愛なんてまったく縁のない言葉である」と豪語する。彼の場合、言えば言うほど、逆の意味に聞こえてくるわけで、そんな彼に2.5次元で恋愛させてやろう！　という変態的顧問愛がメキメキと湧いてきて「よだかの夢」の卵ができあがった。

4-2 「よだかの夢」

　そんな構想がちょっとずつ生まれてきたころ、新入生が入学してきた。今年こそ、最低でも現勢回復！　と思っていたら6名も入部！　なんと15名の大所帯となった。うれしい悲鳴。キャストたちの顔ぶれが集まると、いよいよ本格的な脚本書きに着手。今年は第一稿から部員たちと一緒に読み、感想を

自主公演後の記念撮影。部員、顧問、保護者と共に

聞き、そしてどんなこと伝える芝居になっているのか、キーワードを出し、それぞれの思いを聞いた。

「自分みたいな子が産まれたらかわいそう」と言った先輩に対してどう思うか？「そんなの関係なくねえ」「私もちょっと考えたことある。」「え？　遺伝とかってするのかな？　考えたこともなかった。」「私はお父さんとお母さんに愛されてるなあてすごく思うから、私もそうしたいから子どもほしいと思う」などの意見が出された。私は肯定も否定もしない。できるだけただ聞く。1年生は初めて入った部活でいきなり心の中を土足で入り込まれたような顔をしながら、でもとても話したかったというように次々と自分たちが感じている他の人との違いについて話してくれた。また、中学校の時のつらい経験を思い出し泣き出す子もいた。最後に私から「みんな、話してくれてありがとう。みんなが話してくれたことは意見が違う人もいたけれど、間違っている人は一人もいません。全員正解です。ただ、今回のお芝居は君たちが素敵な恋愛をして、失敗もするだろうけど、胸を張って、自信をもって、当たり前に夢を見て、したたかに、しなやかに生き抜いてほしい。そんな思いを込めた作品にしたいです。」泣いていた生徒もいつの間にかしっかりと前を見据えて決意しているように見えた。

よだかの星を発声練習代わりに読んだ。かなり難しいかと思ったが、みんなそれぞれの捉え方で読み取っていたのが印象的だった。「よだかは昔の自分のようだった。」「結局死んじゃったらダメじゃん」「止めてくれた仲間もいたのに」「でも、最後は自分の願いを叶えるために最後まで飛んで、星になって願いを叶えるからすごいと思った」など意外な捉え方もあった。思いの外、共感している部員が多いと感じた。

今年の演劇部は波乱だった。これまでは割と素直で真面目な生徒たちが多かったため、盛り上がりすぎて収集がつかなくなることがあっても、もめたりすることはなかった。集団が大きくなり、またこれまでとは違ったタイプの1年生たちが入部して、空気は確実に変わっていった。夏休み前の合宿では部員が帰りに逃走し生徒捜索、寄宿舎で、恐喝まがいのことをしてみたり、LINEによるいじめに加担する部員がでてきたり、三角関係ならぬ四角関係の争いで部活に微妙な空気が流れたり・・・、ふざけが度を越えて暴力になったり・・・、なんだか芝居の練習以上に大変なことが次から次に起こった。時々、顧問という立場で生徒指導をするのだが、いつも言うことは「○○という芝居で△△する場面があるのに、君がやっていることは逆のことをやっている。そんなことではお客さんに大切なことが伝わらない」と。「芝居の中身で悩まなきゃいけない時期なのに！　なんだこれ！」とぼやきつつ、これも組織が大きくなったうれしい悲鳴だと思うしかない。

4-3　「よだかの夢破れ」

石狩支部大会では最優秀賞をいただき、全道大会に進むことができた。そして全道大会。正直、手ごたえがあった。全道大会もひょっとしたら抜けて、夏か春の全国に行けるんじゃないか・・・。上演後に色々な方々に声をかけていただき、そんな思いも募った。でも優秀賞だった。夏でも春でも全国ではなかった。講評では絶賛された。何がダメなのかわからなかった。それだけに整理がつかなかった。でも部員たちは悔しそうだったけれど、とてもとても冷静だった。「悔しいけど、悔いはない」、晴れ晴れとした表情で、

普通校の生徒と交流したり、写真を撮ったりしていた。ただ一人を除いては。吾輩だけは表彰式の前に上着を頭からかぶり、泣いていた。代表三人のうちの一人としてステージに上がるように促し、なんとか列に向かった。しかし、列に加わっている最中に「俺たちはこいつらに散々迫害を受けてきた、それなのになんでお前らはこんな風に仲良く話したり、写真撮ったりできるんだ！」と公然と言い始めたらしい。一緒にいた部長、副

石狩支部大会上演後の集合写真。「こんな達成感初めてだー」by1年生

部長は慌てて、吾輩を止め、なだめた。さすがの部長、副部長もご立腹でステージから降りてきたというわけである。そして翌日、登校してきた吾輩は「部活をやめる」と言った。

　理由は「全道大会の期間、普通校の人たちに囲まれてもう耐えられない。あいつらに迫害されてきたのにそんな奴らと交流しているうちの部員たちとは相いれない」ということだった。こんなに感想でもみんな感動したって言ってくれてる、そう言って、感想を見せても「こんなもの偽善だ」と言い放つ。そんなに彼にとってあの環境が過酷だったのか・・・。トラウマ？　と思ったが、支部大会の時はそんな風にならなかった。なぜ今更・・・。色々と考え巡らせたが、一つの考えに行きついた。その怒りの根源は、結果が出なかったことではないか、吾輩はもしかして、初めて必要とされて演劇部に入って、主役を任され、自分が全国に連れていくんだという恐ろしいほど重い責任を一人で背負っていたのではないだろうか。その責任が果たせなかった、初めて挑戦して味わう挫折に耐えられず、あんなふうに怒りの矛先を本当は触れ合いたい普通校の人たちへ向けている。どうせ自分たちは評価されないんだというあきらめとともに。痛いほどにその思いが分かりすぎた。そして、その思いを確かめると彼

は、「後輩たちを全国に送り出したかった」と言った。吾輩は春の全国大会どころか最優秀賞を目指していた。自分が行けなくても後輩たちを送り出したいと。知らないうちに吾輩に重い責務を負わせていたこと、それに気づけなかった自分が情けなかった。そして誰よりも結果にこだわって、怒りの矛先を探して、自分を見失っていた自分がいた。そんな私に吾輩を説得できるはずもなく、しかし、毎年一緒に合宿をしている陸上部顧問の先生が「結果以外に演劇部で得たもの、そしてまだこの後も日々でもっと演技を磨け」と話をしてくださり、吾輩はやめることをやめた。「よだかの夢」のラストシーンに「わかってたよ、それだけだって、それだけだって・・・。でもちょっとだけ夢見ちゃったんだ。バッカみたい」というセリフがある。高等養護学校演劇部の生徒たちが高文連で最優秀賞を取ろうとして夢見てもいいよね。それでがっかりしたっていいよね。自分で書いたセリフが心にしみるのだった。

まとめ

　演劇部の活動を通して、確信していることは彼らの内面に潜在している思いを引き出し、表現させたときに想像以上の力を発揮

し、人の心を揺さぶることができるということである。普段は不器用で、臆病で、自分の気持ちを言葉にすることが苦手で、人の気持ちが読めなくて、社会の中で困難さ抱えているとされている彼ら。マイノリティーであるが故に、抱える思いや生き様は私には想像もできない苦労や葛藤の連続だったに違いない。しかし、演劇という表現の場を通じて、自分の内面と向き合い、観客と心揺さぶる何かを共有することができたのである。演劇の可能性を強く感じる。（でも、部活動は教育活動ではありません。これからの部活動の在り方については検討すべきことが山ほどあることは理解しつつ・・・）

　演劇をやるのは兎角面倒臭いということで学校教育では敬遠される存在であることも否定できない現実。しかし、この面倒くささにこそ、教育的価値があるのではないだろうか。

　つまり、色々便利になる世の中で効率と合理化が図られ、面倒臭いことはどんどん精選されている。それは教育の場でも否応無しに迫っている問題なのだ。それなのに超過勤務は改善しない現状。当然面倒臭いものから切り捨てられる。効率と合理化の中で見失っているものがあることに気付かないふりをしている。大勢と仕事をするのは面倒臭い。でも大勢だからできることもある。集団じゃなきゃできないことは学校でなければできないのである。今こそ学校の価値を、集団で学ぶ意義を見直さなけらばならない。今ならわかる気がする「豊かな学び」「民主的な教育実践」を見直し、実践を積み上げていかなければならない。

【参考文献】
論文「演劇創造のプロセスが高校生に与える影響について　～演劇合同ワークショップを事例に～」中島　憲
「演劇入門」平田オリザ
「下り坂をそろそろと下る」平田オリザ
「わかりあえないことから」平田オリザ

【解　説】
山田勇気実践記録「演劇のススメ　～SHINGEKI部の歩みから～」に寄せて

二通　諭（札幌学院大学名誉教授）

　筆者は、2018年12月1日に新篠津高等養護学校の演劇部を指導する山田勇気教諭とのコラボレーションによる講座をもった。これは札幌学院大学コミュニティカレッジおよび教員免許状更新講習の一環として設定されたものであり、一般の市民のみならず、多くの現職教員の参加を得ることができた。筆者にとっては講師を務める現職最後の教員免許状更新講習であり、教育的信念、思想、理論、方法、問題提起など、あらゆる面で最良の投げかけができるものを提供しようと考え、演題を「特別支援教育実践のいま・演じることで育つ生徒たち―新篠津高等養護学校演劇部の軌跡から学ぶ―」と設定したうえで、案内文では、以下のような説明を加えた。

　2017年3月、創部3年目の新篠津高等養護学校演劇部が岐阜県大垣市で開かれた春季全国高校演劇研究大会への初出場を果たしました。作品タイトルの「どんぐりの学校」は、高等養護学校という＜どんくさい学校＞に由来します。10人の部員が自分たちのことをモデルにしたもので、さながら本人が本人を演じているかのような実存的な作品です。義務教育時代に特別支援学級に在籍したことや、現在、特別支援学校に在籍している事実、さらに家族内での立ち位置、進路についての自身のイメージなど、その内面世界がリアルに吐露されています。本講座では、指導に当たった山田勇気教諭に、その後の作品も含めながら、特別支援教育における演劇教育の意義を語っていただき、特別支援教育実践の本質に迫っていきます。

内容は、以下のとおりである。

第1回　「どんぐりの学校」の生徒たち　左記作品を鑑賞したうえで山田が生徒一人一人の身上（事情）を語る。ここから教育の本質、教育実践の本質、さらに細かく分け入り、教育評価の本質、演劇教育の意義、物語構造論（本作では『風の又三郎』）といったテーマを抽出する。＜演劇創作の過程は教育の原点＞という認識をもつに至った山田実践の一端にふれる。

第2回　「ましろく怒れり」が問うもの
左記作品は、冒頭に2017年7月、神奈川県相模原市の「津久井やまゆり園」で入所者19人が殺害され、27人が負傷した事件を取り上げ、翻って高等養護学校の演劇部部長も内なる差別心に気づき、前に進もうとする物語。石狩支部大会で「優秀賞」を受賞したが、事件の印象が舞台に暗い影を落としたとの評価で、全道大会には出場できなかった。果たして本作が問うものとは？　山田が問われたものとは？

第3回　「鈍行列車に乗ってどこまでも」、そして、これから　左記作品は、「ましろく怒れり」をリメイクしたもので、2018年3月に岩見沢で行った自主公演作品。＜鈍行列車＞とは切り捨てられる者が乗る列車。内なる差別意識、真の幸福とはなにか、を問う。山田実践の特徴を概括したうえで、承認要求、表現要求、自己理解、他者理解等々、特別支援教育における演劇教育のもつ独自の意義を考察する。さらに胸中にあるテーマ、問題関心をふまえて今後の課題を探究する。

しかし、その日の山田が語りたかったことは、上記3作はもとより、コンクールに出品した直近の「よだかの夢」のことであった。というよりも、山田の実感からすれば、作品としての完成度は上記3作を凌駕しており、全国大会出場を果たせるとの思いがあったにもかかわらず、そうはならなかったという事実をどのように受け止めるべきかという課題が胸中にせり上がっていたのである。このような思いは演劇部員にもあったことは想像に難くない。とりわけ、本作で重要な役回りを演じた吾輩が悔しさを怒りとして表出させた。山田はこのことを後掲実践記録に反映させている。以下はその部分の抜き書きである。

（「よだかの夢」は）、石狩支部大会では最優秀賞をいただき、全道大会に進むことができた。そして全道大会正直、手ごたえがあった。全道大会もひょっとしたら抜けて、夏か春の全国に行けるんじゃないか・・・。上演後に色々な方々に声をかけていただき、そんな思いも募った。でも優秀賞だった。夏でも春でも全国ではなかった。講評では絶賛された。何がダメなのかわからなかった。それだけに整理がつかなかった。でも部員たちは悔しそうだったけれど、とてもとても冷静だった。「悔しいけど、悔いはない。」晴れ晴れとした表情で、普通校の生徒と交流したり、写真を撮ったりしていた。ただ一人を除いては。吾輩だけは表彰式の前に上着を頭からかぶり、泣いていた。代表三人のうちの一人としてステージに上がるように促し、なんとか列に向かった。しかし、列に加わっている最中に「俺たちはこいつらに散々迫害を受けてきた、それなのになんでお前らはこんな風に仲良く話したり、写真撮ったりできるんだ！」と公然と言い始めたらしい。一緒にいた部長、副部長は慌てて、吾輩を止め、なだめた。さすがの部長、副部長もご立腹でステージから降りてきたというわけである。そして翌日、登校してきた吾輩は「部活をやめる」と言った。

理由は「全道大会の期間、普通校の人たちに囲まれてもう耐えられない。あいつらに迫害されてきたのにそんな奴らと交流しているうちの部員たちとは相いれない」ということだった。こんなに感想でもみんな感動したって言ってくれてる、そう言って、感想を見せても「こんなもの偽善だ」と言い放つ。そんなに彼にとってあの環境が過酷だったのか・・・。トラウマ？　と思ったが、支部大会の時はそんな風にならなかった。なぜ今

更・・・。色々と考え巡らせたが、一つの考えに行きついた。その怒りの根源は、結果が出なかったことではないか、吾輩はもしかして、初めて必要とされて演劇部に入って、主役を任され、自分が全国に連れていくんだという恐ろしいほど重い責任を一人で背負っていたのではないだろうか。その責任が果たせなかった、初めて挑戦して味わう挫折に耐えられず、あんなふうに怒りの矛先を本当は触れ合いたい普通校の人たちへ向けている。どうせ自分たちは評価されないんだというあきらめとともに。痛いほどにその思いが分かりすぎた。そして、その思いを確かめると彼は、「後輩たちを全国に送り出したかった」と言った。吾輩は春の全国大会どころか最優秀賞を目指していた。自分が行けなくても後輩たちを送り出したいと。知らないうちに吾輩に重い責務を負わせていたこと、それに気づけなかった自分が情けなかった。そして誰よりも結果にこだわって、怒りの矛先を探して、自分を見失っていた自分がいた。そんな私に吾輩を説得できるはずもなく、しかし、毎年一緒に合宿をしている陸上部顧問の先生が「結果以外に演劇部で得たもの、そしてまだこの後も日々でもっと演技を磨け」と話をしてくださり、吾輩はやめることをやめた。

「よだかの夢」のラストシーンに「わかってたよ、それだけだって、それだけだって・・・。でもちょっとだけ夢見ちゃったんだ。バッカみたい」というセリフがある。高等養護学校演劇部の生徒たちが高文連で最優秀賞を取ろうとして夢見てもいいよね。それでがっかりしたっていいよね。自分で書いたセリフが心にしみるのだった。

この一文から吾輩という人物の来歴を含めた物語が立ち現れてくる。すなわち、吾輩を主人公とするドラマが見えてくる。このような思いにかられた筆者（二通）は、山田に以下のメールを送信した。

おはようございます。二通です。

3連休に入り、ようやくお礼のメールをうつことができました。

私にとっては最後の教員免許状更新講習でしたが、山田先生をお呼びし、お話しをいただいたことで快心の一作となりました。

コミカレ、免許状更新講習のアンケートでは共に最高の評価でした。

以下は論点です。

私と山田先生の共通点　崖っぷちと綱渡り

これは、いい実践をしようと思ったら、この境地になるということです。

もちろん冒険主義ではありません。崖っぷちで綱渡りであるがゆえに細心の注意も払っているということです。

人に奨めることはできません。煽ることもしません。

各自が勝手に辿りつく境地です。

コンクールの受賞について

私が札幌西高に入学したのは、西高新聞が全道高校新聞コンクールで優勝したということを新聞報道で知ったからです。中1のときに、唯一作文だけ誉められた私は西高新聞に入りたいと思いました。当時の札幌は、札幌の一、二を争う進学校。5段階評価で4が二つで、あとは3。たまに2が混ざるという成績でしたので、猛勉強の日々となりました。最終的には5が六つで4が三つくらいまでに登り詰め、無事合格しました。新聞局に入ると、1年先輩たちは「コンクール至上主義反対」というスタンスでした。

したがって、出展しませんでした。

私が2年になり、かつ編集長になったのですが、そのときコンクールに出しました。6面新聞という大作です。1967年9月30日発行の第94号です。

ところが顧問教員から5面掲載の特集記事が問題だ、この紙面をまるまる削除しなければコンクールで優勝できないというものでした。

2面・3面が見開きでしたので、5面削除となれば4面も削除となり、6面新聞を4面新聞にするということになります。

くだんの5面は言論弾圧（規制）を扱った社会派的な特集で、学校祭における新聞局員

の総力を結集した教室展示を紙面化したものです。これはこれで面白かったのですが、コンクールで優勝するためには切れという指示でした。

あとは私の決断です。コンクールを取るか、当初の編集方針（自分たちのポリシー）を取るかです。

結局、6面のまま出しました。結果は、3位入賞にも至りませんでした。

ところが他校のメンバーが続々私のところに来るのです。明らかに西高がトップだ、だれが見てもわかる、賞を逃すことを覚悟でよくやってくれたと言いに来てくれるのです。これは吾輩君の風景と重なります。

申し訳ありません。続きはあとで書きます。時間切れです。定年退職記念講演でもふれようと思っています。

＊二通の定年退職記念講演会は 2019 年 1 月 19 日に行われた。

以下は第 2 信。

さて、前回メールの続きです。

なぜコンクールで全国出場を果たせなかったか、ということですが、私は他校の作品を鑑賞していないので何も言えないのですが、「どんぐりの学校」との前提上の差異ということであれば少しはあるかなと思います。

「どんぐりの学校」は原石の輝きです。自身が自身を演じているかのような実存的な作品で無条件に胸を打ちます。その後の2作でさらにステージが上がります。加えて感動ポルノにしないという制約も課します。

そして完成度の高い「よだかの夢」です。期待値もぐーんと上がったうえでの4作目ですが、一方、外部の鑑賞者は1作目の原石の味も忘れられない。

高等養護学校の女子生徒が一般高校の男子生徒と恋愛ができるかというテーマは、山田先生ならではのもの。まさに独壇場。役者もうまい。どこか別の次元に突き抜け、外部の鑑賞者もついていけなかったのではないかという思いも過ります。

但し、12月1日更新講習で語られた吾輩君の来歴とエピソードを共有できたなら、見え方が変わります。

たとえば、吾輩君を主人公にして、彼の来歴とエピソードを軸に、「よだかの夢」を劇中劇としながら、愛着上の課題を抱える高校生の葛藤とかすかな光の獲得へともっていく作品を（二通は）夢想することができます。作られたらいいなという期待ですが。まさに原石と高水準が統一されたドラマです。

単なる思いつきのなぐり書きです。失礼なことも書いているかもしれませんが、お許しください。

山田の返信には、映画にしたいという思い（願い、夢）が綴られていた。もちろん、その可能性はゼロではない。「どんぐりの学校」の舞台に立った卒業生メンバー再結集による再演という構想もある。ヒット作に倣うなら、この国に＜シンゲキのキョジン＞が立ち現れつつある。

「よだかの夢」（2019）は、ラブストーリーを装いながらも強制不妊手術をひき起こした旧優生保護法・優生思想克服の課題を伏在させている。再び春季全国高校演劇研究大会（2020年3月新潟：折からのコロナ禍により中止）出場の栄冠を手にした「オツベルの象たち」は、障害者雇用枠で働く知的障害者とダブルワークを余儀なくされるアルバイト高校生とのぶつかり合いをとおして、障害者雇用の到達をふまえながらも、若者たちを覆う＜貧困と格差＞という現下の状況を捕捉している。

「オツベルの象たち」を構想するにあたり、高校時代からアルバイトによって生計を立てていた二本松一将（本誌109頁に登場：二通ゼミ卒業生）と演劇部員が交流している。部員たちは二本松に矢継ぎ早に質問。二本松ともっと話をしたいという部員の別れ際の言葉が筆者の心に残っている。自身の置かれた状況を社会的な課題につなげるという志向性。それが山田演劇の本質であり、原石の輝きでありながらも、知性の輝きなのだ。

初出　北海道支部会報 2018 年度第 6 号（通巻 210 号）

《北海道・旭川　あかしあ労働福祉センターの実践》

北の大地の仲間たち　―２０１９―

第1回
障害の重い仲間たちの働く意味をたしかめ合いながら

デイアクティビティセンターあかしあ　主任生活支援員　山浦幸喜

　社会福祉法人あかしあ労働福祉センターは、北海道のほぼ中心に位置する人口約34万人の中核市・旭川市にあります。

　法人の原点は、障害のある当事者たちの手で1988年に開設された小規模作業所「手づくり工房あかしあ」で、1997年に法人を設立し、北海道内では初の三種（身体障害・知的障害・精神障害）合築による通所授産施設を開設し、当時も本誌で「北の大地の仲間たち」というタイトルで、1年間連載させていただきました。

　あれから20年が経ちましたが、この間もどんな障害があっても、またどんなに障害が重くても通所を希望する人を受け入れるために、地域のみなさんの理解と協力をいただきながら、障害のある人や家族のみなさんの切

実なねがいに応えるべく、必要な施設をつくるために懸命の努力を重ね続け、現在では旭川市内に8ヵ所の通所事業所（就労継続支援B型・生活介護）や相談支援事業所と5ヵ所のグループホームを運営しています。

　通所を希望するさまざまな障害のある人を受け入れてきたわたしたちですが、障害の重い特別支援学校卒業生の進路保障に向けて、5年前の2014年4月に開設されたのが生活介護事業所「デイアクティビティセンターあかしあ」（以下「DAC」）です。

　現在、DACには地元の旭川養護学校の卒業生を中心に28名が在籍し、その約半数が医療的ケアを必要とする利用者です。職員は生活支援員や看護師、理学療法士などで構成され、作業を中心とした日中活動を中心に、

入浴や機能訓練などの支援のほか、さまざまなレクリエーション活動を通して発達の保障をめざした実践に努力を重ねてきています。

生活介護だって働く場！

　ＤＡＣには、広々とした施設の中に、重度の肢体障害のある利用者が安心して入浴できるよう、浴室に備え付けられた介助用リフトや、理学療法士による機能訓練を行う訓練室、４ヵ所あるトイレ内にも介助用のベットがあり、利用者にとって過ごしやすい環境となっています。

　そして、ＤＡＣの役割は、なによりも仲間たちや家族の生活面でのサポートのほかに、作業や日中活動など毎日の生活をゆたかに過ごすためのとりくみがあります。なかでも、作業は重度重複障害のある利用者にとって、働くなかで社会に参加し、わずかでも工賃を得て、人として「生きる力」を培う貴重な活動の場面になっていると実感する毎日です。

働いていることを実感

　隼人さん（23）は、養護学校在学中は生徒会の副会長を務めるなど、明るい性格で人と話すことが大好きな方です。

　彼は遺伝子疾患であるレッシュ・ナイハン症候群によるアテトーゼ症状により、筋肉の緊張の度合いが突然変わってしまい姿勢を保持するのがむずかしく、日中の大半をバギー型の車椅子に乗って生活しています。

　自分の意思とは無関係に体が動いてしまう不随意運動や、人前で話をしようとすると全身の緊張が高まってしまい、上手にしゃべることができないこともありますが、アニメやドラマが大好きで、見た感想などをうれしそうに一生懸命に話し、彼のまわりは常に笑顔が絶えません。そんな隼人さんも、当初は人と接することへの不安などから、呼吸困難になるほど全身に筋肉の緊張が入り、足をバタバタさせるような不随意運動が多く見られていました。

　「無理をさせてまで作業に参加させなくて

人気のあさひやま動物園グッズ

も良いのでは」「本人がかわいそう」との声もありましたが、本人の「仕事がしたい」という気持ちを尊重し、看護師や理学療法士と連携することで本人が安心して作業に参加できるようサポートしてきました。今では自ら職員や仲間たちとコミュニケーションをとりながら、旭山動物園で販売しているアクセサリーなどの自主製品づくりの作業に積極的に参加しています。

　週三日の作業のなかで、隼人さんは製品のラッピング作業や台紙切り、配達業務などたくさんの役割を担っています。台紙切りは、ハサミが使えなくても紐を引っ張ることで切ることができる自助具を使用し、ゆっくりとですが本人が意図的に力を入れ正確に切ることができます。そして「ヤッター」と、できたことに喜びを表現してくれます。作業中もコミュニケーションを大切にする隼人さんは、周囲の職員や仲間を明るい雰囲気にしてくれます。

　隼人さんは責任感が強い方で、製品の配達に積極的に手を挙げ、「俺が行く」と、いきいきとした表情で配達に出かけて行きます。その配達先では、たくさんの人とあいさつを交わし「ありがとう」「ごくろうさま」と言ってもらえることが、なによりもうれしいようで、彼のなかでの労働に対するモチベーションとなっています。

　もちろん、こうした「しごと」は、すべて職員がマンツーマンで対応し、安全や健康面

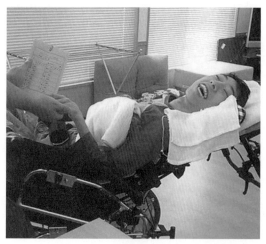
給料袋。ズッシリと重い「しごと」の対価

に対する最大限の配慮を行い、一つひとつの作業も、時間がとてもかかりますから、単に生産性だけを問われたら、今のわたしたちに返す言葉は見つかりません。

給料は…最賃以下の月額800円

では、そんな隼人さんにとって、働くことはどんな意味があるのでしょうか。週に三日の作業で工賃はわずか月額800円ほどにしかなりません。旭川市の最低賃金（時給）よりも低い額ですが、それでも一人ひとりできることを最大限に発揮し、彼らが主体となり働き得た工賃です。

「タダ働きする気はない」とよく言う隼人さんにとって、この金額はけっして満足のいく金額ではありませんが、先月も工賃の入った袋が手渡されると、これまた「ヤッター」と、それはそれはうれしそうな様子で「姪っ子におもちゃを買ってあげるんだ」と話していました。彼は少額の工賃の中からでさえ、こうして「自ら働いて得た給料で人に喜んでもらう」という価値こそ、仕事の意味だと実感しているのです。

隼人さんにとっての仕事とは、このように社会に参加していることを実感し、仲間や職員、地域の人との関わりのなかで他者から必要とされる機会であり、いきいきと自分らしく生きる居場所なのだと私は思いました。そ

して、その人にとっての労働の価値は、けっして単に金額だけで判断されるものではないことをわたしたちに教えてくれています。

もちろん、わたしたちは月額工賃800円というこの現状に甘えているつもりはありませんが、医療的ケアの必要な重度重複障害のある仲間たちの労働を軸とした実践と工賃保障の両立こそ、真の究極目標なのではないかとあらためて実感しています。それを実現するためには、制度的な支援も不可欠だと思いますがいかがでしょうか。

隼人さんの今とこれから

隼人さんは拘縮がとても強く、無気肺でもあったことから、通所して間もなく誤嚥性肺炎を予防するために胃ろうを造設することになりました。そうなると、生活面での制限も増え、最近では本人から体調面での不調を訴えることが多くなりました。

彼のなかで、作業に対する意欲はあるけれど、体調不良などによって、作業ができないもどかしさを職員として理解し、彼と向き合い、彼の内面に寄り添って精神的なサポートをすることがいま最も重要な課題となっています。

障害が重ければなおさら、一人でできることは限られているけれど、みんなが力を発揮することでなにかを成し遂げられる、けっして一人じゃない、仲間がいる、労働を通して利用者たちがそう思える（感じられる）ような事業所でありたいと思います。

次号では、看護師から彼に対するサポートを、別の角度から綴ってもらいたいと思います。

（やまうら　こうき）

初出　『みんなのねがい』2019年4月号

《北海道・旭川　あかしあ労働福祉センターの実践》
北の大地の仲間たち　―２０１９―

第2回

労働は生きている証

デイアクティビティセンターあかしあ　看護師　豊田久江

悩みごとへの対応

　前号で紹介した隼人さん（23）は仕事が大好き。そして、「昨日はなに食べたの？」「週末はどうするの？」といった、仕事中に交わす職員とのコミュニケーションが彼のモチベーションを上げる源になっています。しかしアテトーゼ症状のため、自分の意に反する緊張の変動が出現することも多く、それにより発語ができず、さらにその緊張がくり返されるという問題があります。

　彼の緊張が強い日は、会話の一言一言が言葉になりにくく、聞いている職員も上手に聞き取ることができません。それが本人のストレスとなり、「呼吸が苦しい」「頭が痛い」と

いった訴えとなり、仕事を続けることがむずかしくなります。そのため、緊張を和らげつつ、仕事を継続し、なおかつ彼のモチベーションを上げていくように、プロンキーパーに乗り緩和を図ります。緊張が緩和されれば会話も成立するので、いつも時期をみて話しかけます。

　本人の発する一言で予測のつく会話もあり、結論を導いてあげることも可能ですが、すべてを誘導して会話を進めるのではなく、隼人さん自身の言葉で最後まで聞けるように心がけています。発語の練習をしつつ、自分自身の言葉で伝え、「僕の言うことが伝わった」「僕のことを理解してくれた」という達成感のなかで仕事や活動へのモチベーション

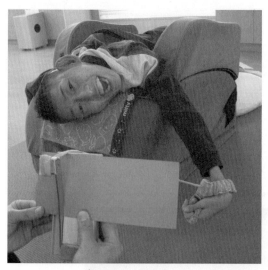

プロンキーパーに乗って

を継続することが大切だと思っています。

　もう一つの悩みは、自宅での緊張があまりにも強く、抗けいれん剤を使用してからの通所となることです。薬の副作用による脱力と眠気が日常生活と仕事する上での支障にもなり、本人にやる気があっても、仕事にならない日も多いという現状です。そんな時は隼人さんの興味のある話をし、覚醒を促します。好きなアニメやドラマの話をしたり、好きな曲を聴いてもらい、一緒に歌うこともあります。ただ覚醒していても、職員がその場を離れてしまうと、すぐに目が閉じてしまうという現状です。

　このような状況のなかで、彼に対し、職員はつねに声をかけ、場を盛り上げるようにしています。そうすることで仕事に向かえる時間を少しでも長く保障し、作業を通しての充実感や達成感を得られるようにはたらきかけています。

　隼人さんにとって、このような悩みは消えることはありません。ならばこの問題を上手にコントロールし、うまく付き合えるように援助するのが、わたしたちの役割だと思います。

給食の楽しみは食べること
だけではない

　隼人さんは給食の時間が好き。「食事の献立はなにかな？」「介助してくれる担当の人は誰かな？」というのが、毎朝通所しての第一声でした。

　隼人さんの場合、5年前に作業所に通所した当初は、食材をきざんではいたものの、むせ込むことなく食べることができ、摂取量も8割から完食という状態でした。

　しかし、肺炎での入院をきっかけに主食（ご飯）が常食から軟食に変更となり、次にトロミ剤を使うように、続いて誤嚥を防ぐために摂取量を制限、最終的にはミキサー食で摂取することになりました。隼人さんは側弯（そくわん）が進行していて、10代後半で片方の肺がほぼ機能しない状態と診断されました。この状態で誤嚥性肺炎になってしまうと生命の危機となる状況下での食事でした。

　自分の身体の状況を理解したうえで、それでも彼が食事をし続けていたかったのは、給食が美味しいのはもちろんですが、担当職員との会話も楽しみの一つだったのです。ある男性職員との給食の時間は、緊張が強まることも誤嚥することもない状況が多く、きっと隼人さんとその男性職員の間の絶対的な信頼関係が成せることなんだなと感じました。

　現在では唾液によるむせ込みもみられ、家族の希望もあり食事提供は中止となりました。給食を楽しみにしていた隼人さんの「ごちそうさまでしたぁ～」という語尾を上げる声が聞けなくなり、給食の時間が少し淋しく感じています。

　いま、彼の栄養補給は経腸栄養剤にトロミ剤を混ぜ、胃ろうより注入しています。トロミ剤を使用することで空腹感の訴えはなくなりましたが、給食を食べたいという願いはいっそう強くなり、昼食時は仲間と少し距離をとるようになりました。

　本人によると「匂いがしてつらい」と言います。きっと本心は、食事を通して会話ができない淋しさから距離をとるようになっているのではないかと私は思います。本人は「いつかまた、給食が食べられるかな？」と話していて、「いつかそんな日がまた来るといい

ね」と隼人さんと話しています。

　むせ込みによる誤嚥のリスクを避けたいという家族の願い、少しでもいいから給食を口にしたいという本人の願い、どちらの願いもよくわかります。

　しかし、命の危険性を考えると、現時点では彼に対する給食の再開は正直言ってむずかしいと思われます。隼人さんの体調によっては、飲水ができない日もあり、そのような日は口腔ケアを多くするように心がけている毎日です。

施設入所への不安のなかで

　隼人さんは私によく「こんなからだじゃ…」と涙を流しながら訴えることがあります。「作業もできないし、迷惑をかけてばかりだ」と悲観的になることもあります。時には誰かとケンカしたと涙を流し、自分のストレートな気持ちを打ち明けてくれることもあります。

　そんな隼人さんが最近よく口にする言葉が、「いつまであかしあに来れるかな？」です。実をいうと、隼人さんと彼の家族は施設入所を希望していて待機している状況なのです。

　入所を希望するにあたり、隼人さんと家族は何度も何度も話し合い、悩み、苦渋の決断だったと思います。もしかしたら入所の時期が早まるかもしれないという情報を彼自身も感じ取った様子で、その頃からやや緊張が強くなったり、訴えが増えたりと本人の不安感が感じられます。それと同時に家族もわが子と離れて暮らすことを考えるとつらい気持ちで不安な日々を過ごしていると思います。入所してしまえば、親元を離れなければならないし、作業所に通所することもできなくなることからの不安、しかし自分がいることで母親を精神的につかれさせてしまっていることの葛藤、そんななかで隼人さんは毎日を送っているのです。

　隼人さんは日中の時間、なにかあると、看護師の私を呼んでくれます。体調が悪い時は

「バッチコーイ！」

もちろんですが、少し不安になった時、甘えたい時、ほんのちょっとしたことなのですが、いちばん初めに私を呼んでくれます。私は可能な限り話を聞くように心がけています。それが隼人さんのモチベーションを上げることになると信じているからです。

　いつ来るかわからない入所の連絡に不安が募っている隼人さんですが、つらいことや、楽しいことを共有するなかで、彼の良き相談相手として寄り添い、一緒に前に進んでいきたいと思います。

労働は生きている証

　隼人さんにとっての「労働」とは、生きている証だと思うのです。作業所にいる間、少しでも長い時間を仕事に向き合っていられるように看護師として医療的ケアと精神面のサポートを可能な限りしていきたいと思います。

　仕事に向き合える状況ではない時もあるかもしれないけれども、そんな時は、隼人さんの手にそっと手を添えるだけでいいと思います。隼人さんにとっては、一緒に仕事をしている実感が大切だと思うからです。それも医療職として欠かしてはならない専門性だと思っています。

　これからも隼人さんが生きている証を見失わないように、支えていきたいと思います。

（とよた　ひさえ）

初出　『みんなのねがい』2019 年 5 月号

《北海道・旭川　あかしあ労働福祉センターの実践》

北の大地の仲間たち　─２０１９─

第3回

演出家としてのＰＴ（理学療法士）をめざして

あかしあ労働福祉センター第１作業所　理学療法士　佐藤桂一

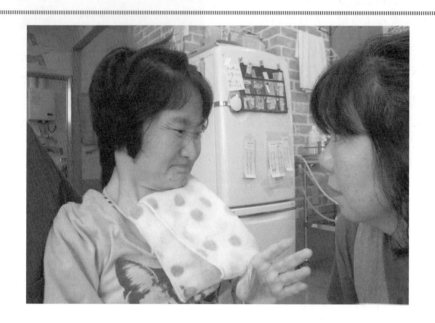

作業所と理学療法士の私

　作業所の理学療法士（ＰＴ）として８年目、以前は介護老人保健施設で高齢者のリハビリを担当していました。仕事以外でも障害者スポーツを通してさまざまな方と出会い、障害のある方の懸命な姿にふれ、将来を見据えた支援の大切さや、ともに支援する仲間たちとの深い絆に感銘を受けてきました。

　そのなかで、障害のある方に対する機能的側面に限った関係ではなく、私自身も、もっと苦楽を共に分かち合える身近な存在で、家族や地域を含めた総合的な人間形成への関わりがしたいと切実に思うようになり、ＰＴとしては稀な作業所へ入職し現在にいたります。

　作業所の利用者と職員は、働く者同士として の対等な関係で居心地が良く、いつも笑いが絶えません。現場はとても活動的で、集団的な支援を大切にしつつ、障害のある仲間たち一人ひとりの労働や発達の保障につなげられるよう、職員は多職種協同で業務にあたっています。

ひとりの仲間を通じて

　遺伝子疾患「レット症候群」のマリ子さん（34）。外への意識の乏しさ、手を揉んだり口にもっていく常同行動、左膝が伸びないことや背骨の側弯が主な障害で、全介助の生活をしている女性です。主な作業は木工の「旭山動物園マグネット」製作、そのほかに商品のラベル貼りをしています。

　当初、マリ子さんはある意味、ＰＴ泣かせの女性でした。つねに手を咥え、顔はうつ向

き、声をかけても無反応です。

　動作や反応を引き出してこそのＰＴが、どうマリ子さんをひきつけ、変化させていくか？　何をしてあげられるのか？　そもそも労働や発達を保障していくことは可能なのか？　しかし、レット症候群の症状だからと言い訳したくない…。そこからＰＴとしてマリ子さんの可能性を信じ向き合うとりくみが始まりました。

　マリ子さんが自分の世界から飛び出し、外の世界へ目を向けること、そして作業では一回でもいいので目線を向け、腕を伸ばし触れてもらうことがまずマリ子さんの課題と捉えました。

　初期の観察で解ったことは、まず排便や疲労を主とした体調の波が、口から手を出すことを抑制してしまうこと、そして口元から手を出さないと外へ意識がいきにくいということでした。

　また、さまざまな考察を重ね、ボディイメージの獲得から外界への興味・探索へつないでいくＰＴプログラム（胎児期から乳幼児期にかけて獲得すべき感覚系要素）に焦点を当て、訓練と支援が一貫したものになるよう職員間への指導・伝達を図ってきました。

　ＰＴとして、具体的には左膝のストレッチや腹部マッサージ、バランスボールなどの不安定な条件や立位、あぐら姿勢を活用しながら手足で支持する動作と、立ち直り反応を刺激し身体感覚やバランス能力、筋力、活動性を高める経験（皮膚感覚や関節位置覚、平衡感覚の入力など）を促していきました。とくに作業で必要としている手を視界の中に入れ、視覚で手の認識を促しながら刺激を多く取り入れた活動をしたり、腕を伸ばす意識づけを図っていきました。その際、左方向への視界が優位である特徴を踏まえながら、右方向への目線の拡大と意識強化にもはたらきかけていきました。

　看護師へは排泄や食事、服薬管理、また体温や疲労などに考慮した環境の配慮、生活支援員へは立位、あぐらを生かした活動的な生

両足で立てるように

活と目と手の協調性がある作業、本人が興味をもてる音楽療法や揺れ・弾みなどの感覚遊び、視覚的に楽しめるスヌーズレンやシアターなど、多方面からつながるよう調整していきました。

仲間を意識するマリ子さん！

　するとどうでしょう。徐々にマリ子さんが変わっていきます。

　左膝関節が伸び、両足で立てるようになって朝礼や手洗い、更衣場面など、生活のさまざまな場面で、楽で安全に立位姿勢保持ができるようになりました。

　マリ子さんにとって、立つことは別世界、仲間に接近し目線も合わせられます。以前は立つこと、それのみで精一杯だったマリ子さんが、今では自分で姿勢を整えたり、狭かった目線が左右に大きく動き、仲間のみんなを見渡す余裕が出ています。目線だけでなく首も動かして見ているのです。

　「あいさつ」の場面では、上目の目線で笑顔を返し、追視能力も上がっています。慣れない人が相手だと目線を逸らし人見知りする様子も見られています。これが本当の意味で

の相手を意識したマリ子さんの「あいさつ」です。

また、作業でも大きな変化が出てきています。当初、頻回の声かけと身体介助のみでおこなっていた作業が、「始めるよ！」「お願いします！」の合図や物の提示だけで目線を向け、タイミングよく手を出しています。それは自主性の行動であり、目と手の協調運動の獲得と興味や探索への発達です。わたしたちも作業を共有できている実感がとてもあるうれしい場面でした。

最近では「握ってよ！」と声かけすると力を継続してくれ、まれに両手を重ね合わせる動作も見られています。つい最近では、チャイムを聞いて慌てふためく姿には笑ってしまいました。

仲間との関係をもっと深めてほしい

そんな日々を共にするなか、マリ子さんのまわりには多くの味方がいることを感じてほしい、大切な仲間と関係を深めていってほしいというわたしたちのねがいも日に日に強まっていきました。

それまでは他人事のようにしていた仲間集団のなかでの毎日の作業報告は自分のことであることを自覚すること、そして担当職員との信頼関係を深める目的で、目と目を合わせながら報告するとりくみをしていきました。また、歩行訓練はほかの利用者も一緒に行って励まし合い、仲間意識がもてるように努め

作業中の表情にたくましさが

ました。

すると、どんどん人に興味がいくようになり、今では作業室の仲間を見渡しながら仕事にとりくんでいます。同時に活動やレクリエーションでは、笑顔・しかめる・涙ぐむなど、表出がゆたかになり、わたしたち職員も意思疎通がしやすくなっていきました。これもマリ子さんのコミュニケーション力だと感じています。冬季に行った雪山でのチューブ滑りでの彼女のおどろきの顔は今でも忘れられません（笑）。

マリ子さんと共に歩んで

マリ子さんのこうした変化は簡単に実現したものでなく、彼女が養護学校を卒業してから16年、労働を軸に築いてきた実践の積み重ねによる現在の姿そのものです。

ＰＴという専門職が実践に加わって8年、障害の重い仲間に対しても最大能力が生活のなかで発揮できるようチームで団結して支援してきた実践の到達なのです。

もちろん、ＰＴ一人では限界があります。生活環境が築け、そこに人との関係や生きがいがあってこそ成立するものだと、マリ子さんから教えられます。

マリ子さんは最近、休憩中はぐっすりと眠る時間が増えています。それだけ外への意識や活動性が高まり、本当の意味で仕事や集団活動に参加し、毎日をがんばって生きている証なのだと私は捉えています。

なによりうれしいことは、「マリ子さん！」と私が呼ぶと、笑顔でふり向き、私の存在を認めてくれるようになったことです。

これからもどんどん外の世界を感じてほしいし、大好きな演劇をもっと楽しんでほしい。いろいろなことに挑戦し、人とふれあい、ゆたかな時間を共に過ごしてほしい。それがマリ子さんへの私のねがいです。

（さとう　けいいち）

初出　『みんなのねがい』2019年6月号

《北海道・旭川　あかしあ労働福祉センターの実践》

北の大地の仲間たち　―２０１９―

第４回

「働く」を支える給食提供

あかしあ労働福祉センター第２作業所　主任調理員　川合真知子

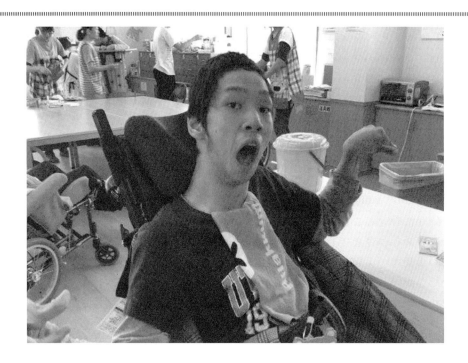

「ナンデヨ？」

給食の時間になったとたん、「ナンデヨ‼」と、びっくりした大声がデイルームに響きわたりました。

声の主は大泉翔さん（仮名・現在21歳）。痙直型（けいちょくがた）の四肢麻痺（アテトーゼ混合型）のある翔さんは、地元の特別支援学校高等部を卒業後、週二日のペースで通所しています。

翔さんは「いろいろな人と関わって楽しく過ごしたい」という理由から、多くの事業所を利用しています。とても社交的な性格で、いろいろなことに関心をもち、周囲の人の表情や口調で、相手の気持ちまで汲みとってしまい、自分の気持ちを押し殺してしまうほど

のやさしい性格の持ち主です。

彼は五十音の文字盤を使うことで、自分の気持ちを表現することはできますが、障害の特性から発語での自己表現は困難。それでも翔さんはあきらめることなく、短い言葉や身体を力いっぱい動かし、自分の気持ちを伝えようとする努力家です。

ひとりの食事提供形態を巡って

翔さんはすべての場面で全介助を要する重度の肢体障害がありますが、卒業時の引継ぎ時点では、家庭での生活を含め、サラダ類を茹（ゆ）でて柔らかくしたり、ご飯をおかゆに変えるなどの軟食ではなく、みんなと同じ常食（一般食）ということでした。

　そのため、卒業後の日中活動の場においても、食事の提供方法は常食を提供していますが、繊維質の多いサラダ類やピラフなどのパサつく料理、スルスルと入りやすい麺類などはむせてしまうときもあるので、料理に合ったソースや出汁などに「とろみ剤」を混ぜ、とろみをつけて飲み込みやすくなるよう対応してきました。

　ところが、通所を始めてしばらく経った頃、翔さんが利用するいくつかの事業所の情報によると、「むせると誤嚥性肺炎につながる可能性がゼロではないので、軟食（温野菜）を提供している」という事業所が大半だったのです。

　すると、担当職員から調理員に対し、翔さんの給食提供の形態について相談がありました。

　わたしたち調理員としては、日頃から彼の食事の状況を見ている立場から、「どうして軟食なのか。確かにむせることは増えてきたけれど、誤嚥はないし、今までも大きな問題はない。ほかの事業所が実施しているからといって、自分たちが同じようにする必要はないのではないか。まずは翔さん自身に訊いて判断してはどうか」と提案しました。

　わたしたちは、これまでの翔さんの食事の経過や現在の様子、看護師が常勤していることなどを考えると「食事提供形態に関しては、翔さん本人に選択させるべき」という一定の結論を出したのです。

自分のことは自分が決める

　いよいよその日がやってきました。給食の時間になり、翔さんが選択しやすいように、常食と軟食の二種類を用意し、「むせこみからの誤嚥が心配なので、今日からこっちの軟食でどうですか？」と翔さんに聞くと「ナンデヨ？」と、彼は力いっぱい大きな声で拒否してきたのです。

　普通の食事を食べることで、むせて誤嚥性肺炎につながるリスクを翔さんにわかりやすく説明しても「ナンデヨ？　ナンデヨ？」と

何度もくり返し、車椅子が大きく揺れるほど首を大きく横に振り、彼は軟食を拒否するのです。

　その姿はまるで、（自分はみんなと同じ給食が食べたいんだ！　自分のことは自分が決める！）と訴えているようでした。

　軟食にしてしまうと、どうしても風味が変わってしまう場合がありますが、食材を柔らかく茹でることで飲み込みやすく、むせることは減り、誤嚥性肺炎のリスクも減少します。しかし、何度もわかりやすく説明と説得をしても、彼が「軟食」に対し、首を縦に振ることはありませんでした。

　ただし、担当職員が心配するように、むせこみによる誤嚥の可能性がゼロではないので、①食事摂取時の姿勢や食べ物を噛むことを意識すること、②必要に応じては、今までのようにとろみ剤を使用すること、③口に食べ物を入れているときは食べることに集中すること。そして、④なによりも体調が悪いときなどは看護師などの判断で一時的に軟食にすること、を翔さん本人にも了承してもらい、今後も常食を提供することにしました。

　そのときの翔さんは、とりあえず自分の意見（思い）を受け入れてもらえたことに、まずはホッとした様子でした。

　支援者にしてみれば、翔さんのことを考え、安全を優先させた「軟食」（温野菜）の相談でしたが、このことがきっかけで、安全性はもちろん大切だけれど、同時に利用者の

状況について職種を超えた職員集団として確認しながら、利用者本人に選択してもらうことの大切さもあらためて確認することができました。実際に、このことがさらに翔さんと担当職員との信頼関係を深めるきっかけになったことは事実です。

給食も実践のひとつ

食事をするとき、わたしたちは、あたりまえのように好きなものを順番に食べ、好きな大きさで口の中に料理を運びます。

では、食事を介助する時はどうでしょうか?

利用者の気持ちを無視して、嫌いな料理を「好き嫌いはないほうがいい」と勝手に思い込んで、利用者に食べさせることはありませんか。では、障害者は、いつまで「好き嫌い」を克服しなければいけないのでしょうか?好き嫌いの克服よりも「嫌いなものは食べない」という、本人の意思表示が大切だと私は考えます。

また、少しでも利用者が自分の力を維持できるようにするべきだと考えます。

噛む力があるのに、提供する前から、必要もないのに細かく刻んで丸呑み状態にしたり、なんでもかんでもご飯の上に乗せて混ぜて介助し食べさせたりと、安易に介助してはいないでしょうか。

職員の都合で、丸呑み状態に近づけてしまったり、「早く食べ終わること」や「きれいに食べること」にとらわれすぎて、利用者の持っている力を奪っている場合がありませんか。

食べるものを選びながら食事をすることや「好きなものは好き。嫌いなものは嫌い」など自己表現することが生きる力に結びつくはずだと私は思うのです。

そして、食事介助方法も職員が決めるのではなく、食べたいものをジィーッと見つめるなど、利用者の小さいサインを見逃さないことが、とくに重度の障害のある利用者の支援には発達的共感関係を築くうえでも欠かせません。

給食が"はたらく"力を支える

給食は、栄養補給だけの役割ではありません。

自分自身をアピールできる機会でもあり、楽しみながら自然とリハビリ（機能回復）につながることもあります。

わたしたち栄養士や調理員は、個々の状況に合わせた食事を提供することで、利用者にとっての「働く」を支えています。

利用者の状況に合わせた食事形態で提供することや、通所が楽しみになるような献立作成、障害のある仲間たちが視覚からもハイテンションになる行事食を取り入れること、また、二つのメニューから選ぶセレクトメニューなどを実施し、給食にも変化をもたせることで通所の楽しみが増えるようにと考えています。

そして、なによりも心がけていることが、障害のある仲間一人ひとりに寄り添うことです。

これからも、仲間たちが「給食を食べたし、午後からもがんばろう」という気持ちにつながる給食の提供にとりくみたいと考えています。

（かわあい　まちこ）

初出　『みんなのねがい』2019年7月号

《北海道・旭川　あかしあ労働福祉センターの実践》

北の大地の仲間たち　―2019―

第5回

障害の重い仲間こそ集団での労働が必要

あかしあ労働福祉センター第1作業所　主任生活支援員　藤中大気

ムードメーカーの洋介さん

　わたしたちの作業所（生活介護事業所）では、創作活動やレクリエーション等の「活動」と「機能訓練」、そして「作業」を日課の中心的な柱に位置づけています。

　利用する障害のある仲間の年齢層は、20代後半から30代後半と幅が狭く、学校時代の「同級生」同士もかなりいて、発達年齢もおよそ2〜4歳と共通項が多く、とても楽しい集団です。

　そんな仲間たちのなかで、年長者として存在感を発揮しているのが洋介さん（37）。脳症後遺症による体幹機能障害・座位不能・四肢麻痺・てんかん発作を主たる障害とし、自由に動かせる口を使って作業や活動に参加してきました。

　彼は、自助具を口にくわえて細かな操作もできますし、絵筆をくわえれば繊細なタッチで画用紙に色を重ねていくこともできます。いきいきと描くその姿は、まさに「画伯」と呼ぶのがピッタリ。

　そんな洋介さんは、初対面の相手でも元気いっぱいに自分からあいさつし、どんな人とでも仲良くなりたいとアピールするムードメーカーです。

口から手の作業へ

　10年ほど前から、わたしたちは洋介さんの歯や顎の負担軽減と、「もっと作業や生活の幅をひろげていってほしい」というねがいも込めて、口から手に作業を切り替え始めました。

　当初、洋介さんは自助具を使い、口で作業

をしたがったり、口が自由になることで、周囲の人を大きな声で呼んだり、トイレの訴えが多くなったりと、明らかに自己葛藤している様子でした。

そこで、作業の支援を担当する職員を柔軟に交代したり、作業室での位置を変更し、集中しやすいように視覚的な情報を限定したりと、洋介さんに合わせて作業環境を少しずつ見直しました。

洋介さんは、拘縮のため手首から先が動かせず、手の甲を中心に作業します。また、肩関節を使って腕を少し開閉したり、ゆっくりとした肘の曲げ伸ばしは可能なので、創作活動でも、自助具のハサミを使って紙を切る練習を並行しながら、手を自分でコントロールする経験を重ねていきました。そこで、「押しつけながら横に引っ張る」「（1・2・3のリズムに合わせて）肘を曲げる・待つ・伸ばす」など、本人にとってわかりやすい説明をしながら作業や活動にとりくんでいきました。

ひとつの動作ができるようになると、「オーイ！」と周囲の職員を呼んで褒めてもらおうと、必死に猛アピール。ニヤリと照れるその笑顔は、手応えを感じて（次もがんばってみるか！）と自分を励ますやる気に満ちています。

小さな課題から始め、一つずつ達成感を積み重ねていくなかで、気がつくと口を使った作業を卒業することができたのです。

課題を乗り越えて生きる力に

洋介さんが作業室へ向かう前には、手を動かしやすくなるように、両腕の可動域を確認しながら、肘の曲げ伸ばし練習をしてもらうようにしました。すると、作業に向かう本人の「やる気スイッチ」が入るようになったのです。

また、一回の作業時間を45分から30分に短縮したり、昼食後には、訓練室でPTによるストレッチを受けてリラックスしてか

ら、そのまま作業室に向かうようにしました。楽しみたいという気持ちを抑え、スムーズに気持ちを作業に向けることができるのです。また、そうすることで、トイレの訴えなどで、作業室から戻ってきてしまうこともほとんどなくなりました。本人の課題に合わせて、作業環境を工夫することの大切さを再確認しました。

さらに、洋介さんの発達段階に合わせ、作業のがんばりが目に見えてわかりやすい形として「がんばったでしょうハンコ」のとりくみも実施。時間いっぱい集中できたら、作業グループの担当職員からハンコがもらえます。それを朝礼でみんなに報告し、より多くの人に褒めてもらえることが、彼のモチベーションにつながりました。

次に、そのハンコが貯まったら「好きな女性職員とティータイム！」というゴールも設定。「今日はデートかい？」とまわりにいじられつつも、とてもうれしそうな洋介さん。短期間で見通しがもちやすく、みんなとのコミュニケーションも深まり、励みになる目標ができたことで、集中できる日が増えました。

集団の中でがんばりが認められ、しっかりと達成感を得られるようになり、自信をつけたことで、彼は時間いっぱい作業をやり遂げられるようになりました。そして、約5年続けてきたそのハンコのとりくみも、ついに必要のないものになったのです。

朝礼でみんなにそのことを報告し、拍手喝采を受けて大喜びの洋介さん。次なる目標

は、以前のようにみんなと一緒の席でも集中して作業にとりくむことです。

労働を通して育つ「自励心」

給料日、仲間たちはみんなでショッピングモールへ買物活動に出かけます。1ヵ月間働いて得た工賃を持って、自分で使うという社会経験をひろげることを目的としています。「作業と工賃」「買物と生活」を結びつけることで、「仕事」への意欲や関心を高めてもらうこともねらいです。洋介さんも自分のおやつや洋服、お父さんが打ってくれるうどん粉を買ったりします。

彼は「労働の対価としての工賃」という理解度は高く、作業に集中できない時に「がんばってお給料もらったら買物に行けるよ」と声かけをすると、気持ちを切り替えるきっかけにもなります。自分で買った服を着てきた時は、みんなに「似合うネ！カッコイイね！」と褒められ、照れながらも満足そうな笑顔を見せてくれます。

障害が重くても、労働を通して、そして集団の中でのさまざまな矛盾や葛藤が与えられてこそ、洋介さんのように、何年かをかけて、いくつもの課題を経験することで、見通しや目標をもって自分を励ます力「自励心」が育ってくると思うのです。

発達保障論を実践に活かす

実践につまずいた時には、いつも全障研やきょうされんの研修で学ぶなかにヒントがありました。洋介さんのケースでも同様です。

彼が興奮し、自身では感情の制御がむずかしくなってしまった時には、静かな場所に移動して二人きりで話し、冷静に考えてもらう場面を設けます。

そんなときは、3～4歳の発達段階の事例報告を参考にして、「時間」と「空間」をつくって彼が自分を見つめる工夫をしています。まさに二次元可逆操作期における「自制心」を揺さぶることが大切だと判断したからです。

すると、彼はその数分間で自分の気持ちを切り替え、また集団の中に戻ることができるのです。

洋介さんの発達年齢は3歳前後と考えられ、二次元可逆操作期にあって「○○したいけど、△△する」という「けれども行動」を確立する過渡期にいると考えられます。もっている力を十分に発揮できる時と、まだまだ目の前の楽しいことに心を奪われがちで、自分を律することがむずかしい時もあります。

そんな時こそ本人の気持ちに寄り添い、がんばりを言葉に換えて共有し、集団の中で褒めてもらい自己肯定感を高める。同年代であり、発達段階的にも近い特異な集団だからこそ、互いの姿を励みにしながら、刺激し合うグループダイナミクスを最大限に活かしていきたいと思います。発達保障論が、まさに実践の拠り所となっているのです。

日々研鑽を重ね、多職種が連携して障害の重い人の「働く」を支える。その使命を実感しながら、仲間の笑顔を守っていきたいと思います。

（ふじなか　たいき）

初出　『みんなのねがい』2019年8月号

《北海道・旭川　あかしあ労働福祉センターの実践》

北の大地の仲間たち　─２０１９─

最終回

相談支援の場から障害のある人の労働を考える　─まとめにかえて

あかしあ障害者総合相談支援センター　管理者　植田香美

スタルヒン球場でチューブすべり

どんなに障害が重くても労働を

　５回にわたる連載を通して、生活支援員、理学療法士、看護師、調理員と、多職種の立場から障害の重い方の労働と発達保障をめざすとりくみを報告させていただきました。

　あかしあ障害者総合相談支援センターは、2001年に精神障害者地域生活支援センターと小規模作業所を併設して開設し、障害者自立支援法の施行により、相談支援事業と地域活動支援センター、就労継続支援Ｂ型事業を運営しています。相談支援業務では、まずは生活を組み立てることが優先で、すぐには就労までに至らない方も多くいますが、生活が少し落ち着いたときには、就労へのはたらきかけや事業所の紹介をさせていただいていま

す。

　そして、なんらかのかたちで仕事に就き、日々の積み重ねを通して、自分の役割をもち、悩んでカベにぶつかりながらも、集団の中でたくましく成長している姿に出会うことは、わたしたちにとっても、働くことの大切さを実感できる瞬間でもあります。

　ところで、重度障害のある方への就労支援の現状はどうなっているのでしょうか。どこの地域も同じ状況だと思いますが、まず言えることは、就労だけではなく重度障害のある方にとって必要な社会資源が圧倒的に不足している状況ではないでしょうか。

　各自治体ごとに設置義務がある「自立支援協議会」は、旭川市においても「旭川市自立支援協議会」が設置され、相談支援専門員を

中心に個別ケース等から地域課題を抽出し、各部会（就労・連携・子ども・移動外出・地域福祉・司法・人材育成）で課題解決に向けて動いています。しかし、就労部会では、就労に関するさまざまな課題についての協議は行われているものの、重度障害のある方の就労に関する地域課題は出された記録がなく、支援者側の意識が、まだまだそこに至っていない現状です。

現在の制度でいえば、就労継続支援事業所に看護師の配置がないこと自体、医療的ケアの必要な方の就労がまったく考慮されていないことがうかがえます。

障害のある方の就労を必要と考えるのであれば、どのような障害のある方でも就労が可能となるように、必要に応じて各事業所で看護師などの専門職を配置できるようにすべきではないでしょうか。

利用者が商品として見られる時代に

この間、ご存知のように障害のある人の働くことに関する問題が相次いで話題になってきています。

中央省庁の実に約８割にも及ぶ行政機関で、亡くなった方や障害者手帳が交付されていない人を含む3460人が実雇用数に水増しされていた、いわゆる「障害者雇用水増し問題」。法改正により「給付金・助成金から利用者の工賃を支払うことが許されない」ルールが厳罰化されたことにより、障害者の大量解雇を出した「就労継続支援Ａ型問題」。そして「就労継続支援Ｂ型問題」等々…。

数年前、Ａ型事業所に利用相談で伺った際に、「１日２時間で20日以上の勤務ができること」という条件が提示され、「働く意欲があるからＡ型事業所の利用を考えたのに、１日２時間？　Ｂ型事業所の利用時間より短い時間の就労？　あとの22時間はどんな生活になるの？」と疑問が生じたことは今でも忘れられません。

平均工賃が翌年の報酬単価に影響するようになったＢ型事業所には、毎日の通所が困難

毎年仲間の成長ぶりがたしかめられるソフトボール大会

な精神障害のある方も多く在籍しています。しかし、例えば週３日でもいいから、通所して仕事に就くことが大切な方も多くいると、むしろ平均工賃が下がる仕組みとなるのです。

一般就労が困難な方を支援するはずのＢ型事業所で、工賃を評価の対象としたときに、毎日休まずに通所できない精神障害者や、いわゆる要介助度が高く、生産能力の低い重度障害のある方は排除される危険があります。

「自己選択・自己決定」と言いながら、実態は、事業所側が障害者を選び、決定する方向性となっているのではないでしょうか。働いて収益につながる人が価値ある人になってしまうのであれば、精神障害者や重度障害のある方の就労価値が低く見られ、この成果主義が優生思想につながっていくのでは、と私は危惧しています。

障害のある人がひとりの人間として大切にされるのではなく、事業所側の収益につながるか否かが重視され、人ではなく収益につながる商品として見られる傾向が強まっていることを感じています。

もちろん障害のある方がさまざまな経験を通して人として成長し、地域でゆたかな生活をめざした実践をすすめている事業所も多く存在しています。しかし、日々の相談業務のなかで、障害のある方の就労や成長よりも、まずは事業所の収益にとらわれている職員が増えてきたと感じることは、本当に心が痛む悲しい現実です。

カムイミンタラのような
広い視野で

　当然のこととして、働くことで対価を得ることは大切です。しかし、人が働くことの価値は、単に高い収益を上げることだけではなく、働くことを通して社会参加や自己実現をしていくことではないでしょうか。

　障害のある人にとっても、日々の経験のなかで少しずつ自分のできることが増えてくることが達成感へとつながり、できることが増えてくると「次はあれをやろう、これをやろう」という意欲の向上につながります。

　全国の作業所で働く障害のある仲間たちも、つらさを乗り越えることでたくましい精神力を身につけたり、さまざまな人たちとの関係を築いたり、任されたことへの責任感を高めたり、製品の完成や販売で売れた時の達成感を味わい、がんばって得た工賃で一人ひとりが社会に参加していることを実感し、人として成長している姿が全国各地にあると思います。そのことを広い視点できちんと評価する必要があると思います。

　わたしたちも、あかしあ労働福祉センターの実践を通して、どんなに障害が重くても、働くことを保障することで、集団の中で仲間たちが自分の存在価値を獲得していくことを感じています。

　労働で得られた自分の工賃で誰かにプレゼントをするということも、してもらう存在からしてあげる立場への変化があり、人として精神的に対等な関係構築を図る営みではないでしょうか。

職員の成長も大切

　重度障害のある方のねがいを理解し就労を保障していくためには、優生思想の観点ではなく、発達的共感関係の構築など、支援する職員の成長も必要です。

　また、就労だけではなく、旅行やレクリエーション活動なども含め、発達を理解することが大切であり、楽しみも含めたさまざまな活

グッズデザインコンクールで仕事や活動の絵が入賞し、タオルとして商品化

動が発達へとつながります。

　そして、障害のある仲間と向き合い、悩みながら実践にとりくむことで、職員も人として成長していることを実感します。

　どんなに障害が重くても、人間は変化・発達できるという、人を信じ挑戦し合える関係こそが社会参加を促し、ゆたかな生き方へとつながっていくのではないでしょうか。

　今回の連載を執筆したある職員が、「わたしたちが暮らす周りには『カムイミンタラ』（神々の遊ぶ庭）と呼ばれる力強い大雪山系の光景が広がっています。趣味の登山で訪れたときはこの広大な景色から、いつも木を見て森を見ずにならないように自分に言い聞かせています」と話していました。ちっぽけな狭い価値観ではいけない、カムイミンタラのようなゆたかな心（価値観）と広い視野がわたしたちには必要です。

　これからも、仲間とともに、労働を通してお互いに成長できる関係を、この北の大地で築き続けたいと思います。

（うえだ　かぐみ）

初出　『みんなのねがい』2019年9月号

サークル活動を通して学んだこと

旭川サークル代表　　安藤路恵

　私たち、旭川サークルの構成は、福祉職員が多く、そのほか当事者、当事者家族などが会員となり、月に１回水曜日を主として例会を開き、ゲストを招いての講演会や実践報告会、映画の視聴発達診断セミナー本を使った学習会などを行ってきました。

　2020年の全障研第54回全国大会を旭川で行うこととなり、旭川サークルの会員で核となるメンバーが少ないために、いろいろな方に協力して頂くため（新型コロナ禍のため全国大会は中止となりましたが）、また、2019年12月に参加した第49回組織者学習会、第40回支部長事務局長会議での地域に根付いた活動を通して会員・月刊誌「みんなのねがい」を広げていこうということから、４月から９月までの例会を「発達保障基礎講座」と称して、全国障害者問題研究ほ北海道支部副支部長で旭川大学保健福祉学部コミュニティ福祉学科教授の北村典幸氏を講師に全障研の発達保障論(障害児者の発達のすじ道と発達保障の実践の成果と課題)について、障害児者の保育・教育・福祉に携わる職員の方や、市民を対象とした連続講座を開催することにしました。（下記テーマ内容）

	テーマ
第１回	障害と発達の基礎・ICF入門
第２回	１歳半の節目から２〜４歳までの発達
第３回	６〜７歳の発達から発達診断入門
第４回	わかりやすい障害者権利条約
第５回	実践記録の書き方
第６回	「９歳の節」と発達保障

　また、最終講座の９月は「障害児者の発達と保育・教育・労働の実践課題」というテーマでしたが、８月に障害者問題研究48巻2号『「９歳の節」と発達保障』が全障研出版から新しく刊行されたことに合わせ『「９歳の節」と発達保障』に変更して学びました。一般参加者については当初の定員数が集まり、参加者の職業的には、福祉職員・児童ディー職員、教員、学生など、児童ディーや福祉職員は就職して１年未満、学習のために参加したという方が多かったです。

　４月は新型コロナの緊急事態宣言のために、会場が閉館。やむをえず別会場にて行うこととなり、５月も緊急事態宣言が延長され会場が使用できないかというところでしたが、例会の２日前に会場が使用することができるようになり何とか行うこともできたという出来事もありました。

　また、一般参加者の方にも「職場で年内は学習会の参加を控えるということが決まった」という理由で参加をキャンセルされた方も数名いらっしゃいました。

　そのようなことから、第３回目からは会場参加とオンラインとの同時で講座を行いました。

（83）

参加者からは

「発達の節目、参考になりました。どこまでが障がい、特性、その子のペース、環境等色々あり、日々、考えさせられますが、『誰でも成長する』と思いました。あっという間でした。」

「9才のカベ、もっと早く知っていれば、子育てに生かされたのになぁと思った。」

「毎回、気づきがありました。障害児者の現場の方々だけでなく、社会全体で考えなければならないことだと思います。」

「発達保障についてもっと深めたい。」

などの声を頂きました。

10月からも「障害者問題基礎講座」と題して「相模原障害者殺傷事件」や「新型コロナと障害者問題」「安楽死ではなく生きるため～ＡＬＳ嘱託殺人を考える～」「日本の小ゲール・カルルス温泉」などの連続講座を行う予定でいます。

4月からの引き続きの参加者や新たな参加者では保育士の方の参加申込がありました。

今後も地域に根差した活動を行うことで、全障研の会員も少しずつでも増やしていき、また、「ねがい」や「要求」を通して会員の職種も広げていきたいと思います。

中止となりましたが全障研第54回全国大会の準備を通して、また、例会を通していろいろな団体やたくさんの方と知り合いになれたこと、また、みなさまからアドバイスや協力の話などを頂いたことは大変心強かったです。この間、たくさんの方にお世話になりました。この場を借りてお礼申し上げます。ありがとうございました。

読者会「ねがい」ひろば

全障研道支部の生活圏拡大年史と

札幌地下鉄 3 路線 49 駅ホーム可動式ドア設置後の事故減少効果の報告

高森　衞

1　要　旨

　移動制約者とは交通の意思を持ちながら移動を制約される人、1 身体的理由者 (身障者・高齢者・妊婦・幼児連れ、重い荷物を抱えた人、外国人)、2 経済的理由者 (料金を払えない)、3 交通貧困者(近くに交通機関がない・自ら移動手段を持たない人 (自家用車など)の三種に大別され、全障研道支部は 1970 年代より移動制約者の自立生活に密接に関わる生活圏拡大に取り組んできた。

　2019 年 10 月重度障害を有する船後参議院議員登壇にあたり議会のバリアフリー化、それ以前は 1977 年 10 月車椅子使用の八代参議員登壇時にスロープやリフト設置を報道されたが、アカシヤ会・全障研道支部は次ページ表 1 に示す通り 1977 年に道議会を点検後、車椅子傍聴席、通路・トイレなど改善を申し入れ 1981 年に道議会に車椅子傍聴席を実現している。

　札幌のまちづくりの原点、明治 2 年島義勇が円山 (標高 225m) に登り札幌村を一望して都市計画の青図を描いたとされ、それに習い 1985 年 6 月札幌市内全体を眺望する藻岩山 (標高 540m) の山開きに道内初めて車椅子で挑戦してご来迎を仰ぎ、市民のど肝を抜いたのを皮切りに、1985 年 11 月国鉄星置駅の点検、1986 年 2 月札幌市と交通行政懇談会、1986 年以降、地下鉄東西線二十四軒駅点検、南北線自衛隊駅、東豊線福住駅、路面電車祭り、札幌高架駅、札幌駅前バスターミナル、札幌市内にとどまらず、旭川市平和通り買い物公園など 1994 年までに 18 回行なった。

　こうした現地調査のデータを活かして札幌市と北海道の「福祉まちづくり条令制定」を

毎年要望して 1998、1999 年に北海道と札幌市に実現、更に旭川市をはじめ道内 212 市町村 (合併前) 中 18 都市が制定し、福祉のまちづくり環境整備要綱等が市町村の公共施設・交機関のバリアフリー化進展の足がかりとなった。

　旭川市の買い物公園の点検活動も点から面の生活圏拡大を目指し、道路や現 JR 旭川高架駅も当該福祉まちづくり環境整備要綱に準じて建設時に活かされている。

　2005 年 8 月、第 39 回千歳全障研全国大会では、1995 ～ 2004 年の 10 年間、札幌地下鉄 3 路線 48km、49 駅のホームにおける視覚障害者、酩酊、病気らによる転落人身事故、109 件数、事故発生による地下鉄利用者の損失時間、事故処理などの損失費用は約 20 億円余と算出した経緯を「交通権学会」および全障研北海道支部会報 145 号に発表、その後 2006 年に「交通権を考える会・会長・後藤昌男」と共同で札幌市交通局に人身事故防止対策である「ホーム安全柵設置」を要望した。その後、札幌市交通局は東西線 2008 年着工・2009 年 3 月供用、2012 年南北線着工・2013 年 3 月供用、2016 年東豊線着工・2017 年 3 月供用し、3 路線 49 駅が開通し、この対策後人身事故は劇的に減少した。その成果を報告するものである。

2　地下鉄人身事故の形態

　地下鉄人身事故の形態は様々であるが、札幌市交通局の地下鉄ホーム付近の人身事故は自ら軌道に飛び込む投身自殺、背中を押される転落、酩酊転落する人、めまいなど一過性の病気による転落、視覚障害者の停止線から

表1　まちづくり活動成果と内外の動き（全障研道支部会報 145 号より筆者作成）

北海道内のまちづくり活動と成果	国内外の動き
1970 年 3 月　札幌市電・バスに対し、重度心身障害者の無料化運動開始。1971 年 9 月、身障者手帳 4 級以上に無料優待パス実現。	1964 年　アメリカ・公民権法。
1971 年 2 月　札幌市地下鉄建設に際し、各駅に垂直緯度対策を陳情。2008 年度 49 駅エレベータ設置 100% 実現。	1969 年　仙台市の障害者とボランティアが福祉のまちづくりについて話し合い開始。
	1970 年　アメリカ都市大量交通援助法、高齢者障害者クセス特別配慮規定。
1972 年 3 月　視力障害者など他団体と協働で札幌市に対し、公共交通機関を利用できない重度障害者はタクシー助成を 10 年間継続して札幌市と北海道に要望、91 年実現。その後、道内 97 年 104 自治体に進展。1981 年 10 月道内 212 市町村の内 48 市町村に実現。	1971 年　東京都町田市の市民が車イスで歩けるまちづくり研究会を結成・活動開始。
	1972 年　アメリカ・バークレイに CIL（障害者自立センター）設立。
	1974 年　東京都町田市が「建築物に関する福祉環境整備要綱」を制定。わが国初。
1977、1980 年　81 道議会傍聴席、トイレ、エレベータ、通路等チェック。1980 年国鉄札幌駅、地下街、デパート、札幌市役所及び 7 区役所の設備点検し改善を要望。	1975 年　新幹線「ひかり」に車椅子用席を設置。
	1976 年 9 月　全国青い芝の会（主に脳性麻痺の人が車いす単独でバス乗車可能となるルール改正を求め実力行使し、川崎バスジャック発生、路線バスの利用を通して社会にアピール。路線バス車両にスロープ・リフト付きバス車両開発のきっかけとなる。
1980 年 11 月　北海道と札幌市に対し、「福祉のまちづくり条例」制定を 18 年間継続要望し 2018 年北海道と札幌市に実現その他、旭川、帯広等。	1977 年　「神戸福祉を守る条例」わが国で初。
1981 年　札幌駅改築時にエレベータ設置、札幌市役所に身障者トイレ実現。	◎ 1977 年 8 月　八代英太参議院国会階段リフトで登壇。＊78 年車椅子傍聴席設置。
◎ 1981 年 1 月　2 千万円かけて、道議会に車椅子用傍聴席 4 席、電動リフトを設置、さらに通路の段差をスロープに改善、車椅子用トイレも設置。	1978 年　運輸省通達「車イスのままバス乗車可」
☆　全国 1 番先に実現 1977、1980 年点検の成果。	1981 年 5 月　運輸省が「公共交通ターミナルにおける身体障害者用施設整備ガイドライン」指導目標を発表。＊国際障害者年。
1983 年 7 月　「車イスオリエンテーリング」を札幌市内で実施。	
1984 年 1 月　車イス、高齢者、肢体不自由者、健常者が同じコースを辿り所要時間比較実態調査、道路の段差、地下鉄駅・バスターミナルの情報案内、トイレなどの改善見直しを関係交通機関に申し入れ回答を得た。	1986 年　厚生省「障害者の住みよいまちづくり」事業創設。
	1990 年 7 月　「障害を持つアメリカ人法の成立（ADA）」の成立。
	1992 年 10 月　兵庫県、大阪府が「福祉のまちづくり条例」を制定。
1987 年　旭川市、夏。冬道路、国鉄交通機関など調査後に改善要望書を関係機関に提出。	1994 年　ハートビル法制定。
	2000 年 1 月　総理官邸にエレベータ設置。
1991 年 9 月　札幌駅バスターミナル点検、関連バス会社 10 社に、乗場ホーム垂直移動対策、情報案内など 4 項目の改善要望。＊同年 10 月改善。	2000 年 4 月　介護保険制度スタート。
	2000 年 12 月　交通バリアフリー法公布。
	2002 年 10 月　DPI 障害者国際会議札幌大会。
1997 年 3 月　担川福祉まち作り環境整備要綱改訂、2011 年 JR 旭川高架駅新駅建設時に活かされた。	2006 年 6 月　交通バリアフリー新法公布。
	2011 年 3 月　東日本大震災。
1998 年 12 月　札幌市が、同年 4 月に北海道が「条例」を制定。2005 年現在道内では、旭川、帯広市など 12 都市が「環境整備要綱」制定。	2011 年　国土交通省「障害者高齢者等に関する移動の円滑化促進に関する法律」制定、交通機関。ターミナル・空港など。
	2019 年　船後靖彦、木村英子参議院ストレッツャー車椅子介護付きで登壇。
2001 年 9 月　札幌市交通局に地下鉄ホーム転落防止柵設置を 12 年間毎年継続要望、東西線 2009 年、南北線 2013 年、東豊線 2017 年、3 路線 49 駅完了。	
2020 年　地下鉄 3 路線 49 駅の事故減少実態を報告する。	

踏み外し転落、幼児の転落、携帯電話操作やヘッドホンの音量拡大により列車接近音が聞こえず接触転落、線路内に物を落として取り上げようとして衝突、軌道内に転落した人を救助しようとして電車と衝突、電車から無理に飛び降り・飛び乗りによる転落、線路内歩行して感電死など。さらに電車との接触、ドア開閉時に無理な飛び込み接触、手荷物がドア外に、その反対の手荷物が電車内で人が車外で引きずられる、などの損傷事故がある。

地下鉄開業時は様々な事故形態をどのように整理し、記録を残すかを想定していなかったのか、投身自殺事故記録は地下鉄開業時（1971 年 12 月）から 2019 年 3 月まで 296 件の記録はあるが、それ以外の転落、人身傷害事故の確かな記録は 2003 年からとなっており、それ故 1971 年 12 月以降投身自殺事故と、2003 年以降の転落、傷害事故を区分して解析することとした。

2-1　地下鉄ホーム可動式ドア設置後の投身自殺事故減少効果

　地下鉄南北線 14 駅は札幌冬季オリンピック 1972 年 2 月開催寸前の 1971 年 12 月に開通し、以後 2013 年 3 月までホーム可動式ドア (以下、ホームドアと呼ぶ) が設置されるまで 41 年 4 カ月間にホーム投身事故は表 2 の通り 172 件発生している。2013 年 3 月にホームドア設置後から 2019 年 3 月までの 7 年間の投身事故は 3 件に減少している。

　東西線は 1976 年 6 月に開通し、可動式ホーム設置されるまでの 2009 年 3 月までの 33 年 9 カ月間の投身事故は 98 件発生、2009 年 4 月ホーム可動式ドア開通後から 2019 年 4 月までの 11 年間の投身事故は 2 件に減少している。

　東豊線は 1988 年 12 月に開通し 2017 年 3 月までの 28 年 4 カ月間の投身事故は 26 件発生、2017 年 4 月にホームドア完成後 2019 年 4 月までの 3 年間の投身事故はゼロとなっている。

2-2　ホームドア設置前と設置後の転落および障害事故

　表 3 の南北線開業は 1971 年 12 月だが、転落・傷害事故記録があるのは 2003 年から 2012 年までホームドアなし期間 10 年間に転落・傷害事故併せて 111 件発生、2013 年ホームドア設置後 7 年間の転落・傷害事故件数は発生 0 件であり完璧に事故を防いでいる。

　同様に東西線ホームドアなしの 2003 年〜 2012 年まで 10 年間の転落・傷害事故併せて 87 件が発生、ホームドア設置後 11 年間で 3 件に減少している。

　東豊線のホームドアなしの 2003 〜 2016 年、14 年間の転落・傷害事故併せて 91 件がホームドア設置後 3 年間の転落・傷害事故併せて 0 件に減少しており、3 路線全体のホームドアなしでは 289 件発生が 3 件と完璧に事故を封じているといえよう。

3　考　察

　札幌の地下鉄 3 路線総延長 48km・49 駅のホームドアなし延べ年数は表 2 に示す通り延べ年数 103 年 5 カ月その間の投身事故

表 2　ホーム可動式ドア設置前経年と設置後の投身自殺事故件数 (2019 年 3 月 31 日現在)

路線名	駅数	延長 km	ドアなし地下鉄開通経年数と投身事故件数			ホームドア設置後投身事故	
南北線	16	14.3	1971,12,16 〜 2013,03,31	41 年 4 カ月	172 件	7 年間	3 件
東西線	19	20.1	1976,06,10 〜 2009,03,31	33 年 9 カ月	98 件	11 年間	2 件
東豊線	14	13.6	1988,12,02 〜 2017,03,31	28 年 4 カ月	26 件	3 年間	0 件
ホームドアなし延べ換算年月と件数			103 年 5 カ月		296 件	21 年 5 カ月	5 件

表 3　2003 年以降の地下鉄 3 路線ホームドア設置前・後の実態

路線名	転落	傷害	小計	備考
南北線　ドアなし	98	13	111	2003 〜 2012 年の 10 年間
ドア設置後	0	0	0	2013 〜 2019 年の 7 年間
東西線　ドアなし	78	9	87	2003 〜 2008 年の 6 年間
ドア設置後	3	0	3	2008 〜 2019 年の 11 年間
東豊線　ドアなし	88	3	91	2003 〜 2016 年の 14 年間
ドア設置後	0	0	0	2017 〜 2019 年の 3 年間
小計　ドアなし	264	25	289	ドアなし延べ年数　34 年
ドア設置後	3	0	3	ドア設置後延べ年数　21 年

296 件、一年間の平均発生件数は 2.85 件／年、他方ホームドア設置後の一年あたりの平均投身事故発生率は 0.23 件／年と減少し劇的な成果を上げている。仮にホームドア設置していなかった場合は 2.85 × 21 年 = 59.9 人の投身事故発生と推定される。交通局は既存の制約された地下鉄断面・構造から物理的な可能な対策としてホームドアを設置したが、一交通企業の取り得る物理的投身事故防止の限界を見た思いをする。

2005 年 8 月、第 39 回全障研千歳大会では、15 〜 2004 年の 10 年間、札幌地下鉄 3 路線 48km、49 駅のホームにおける転落人身事故、109 件数、事故発生による地下鉄利用者の損失時間、事故処理などの損失費用を約 20 億円と算出し我々は札幌市交通局にホームドア設置を要望した経緯がある。

ホームドア設置費用は南北線 16 駅については公開されている。これを基に 3 路線 49 駅の費用を概算すると約 41 億円、つまり 2008 年に東西線のホームドア設置に取りかかってから 2019 年まで 12 年間の人身事故減少により、ホームドア設置費用の約 1/2 を取り戻していることになる。

他方、厚生白書による全国の自殺者は 1997 〜 2011 年まで年間三万人台、その原因・動機を見ると、健康、経済、生活、進学、いじめなど心理・精神面と複合する問題が示されている。

世界の経済先進国 G7 上位の我が国も自殺指数はワースト 1、その基本対策を国が策定しているものの、財政体力格差の大きい自治体に現場任せという政治姿勢が、自殺者の複合する問題解決に繋がっていないといえないだろうか。

4 結 語

札幌の地下鉄は 1972 年冬期オリンピック開催 3 カ月前に開通させた、しかし地下駅から地上に連絡するエレベータは 1 基もなかった。我々は 1971 年より垂直移動の自動化を毎年要望し、1982 年に大通駅に初めて地上から地下一階間に設置された。その後、49 駅の必要箇所に設置されるまで 41 年間、ホーム可動式ドアは 8 年間を要したが、市民・道民、来札される方々の利便性・安全性と命を守る大きな社会資産を次の世代に渡すことが出来た。

本文をまとめるに当たりホーム可動式ドア設置運動に関わった多く仲間、アカシヤ会、全障研道支部各サークル、交通権を考える会等、札幌市交通局のデータ提供に紙面を借りて厚くお礼申し上げます。

参 考 文 献

(1) 高森 衞 車椅子藻岩山開きに挑む「朝日新聞・北海タイムス」全国障害者問題研究会北海道支部会報通巻 8 号 1985 年度第 2 号

(2) 安部和二郎 25 周年記念誌 新聞に見るアカシヤ会運動史 1990 年 6 月

(3) 高森 衞 福祉まちづくり活動と成果経緯 アカシヤ機関 94 号 1990 冬号

(4) 高森 衞 札幌地下鉄駅ホーム人身事故と安全柵整備の社会的費用の研究 2006 年 7 月 23 日交通権学会発表

(5) 高森 衞 札幌地下鉄駅ホーム人身事故と安全柵整備の社会的費用の研究 全国障害者問題研究会北海道支部会報 2008 年 通巻 145 号

(6) 高森 衞 北海道における移動制約者の交通権獲得経緯と成果 交通権学会誌 25 号 2008 年 4 月

初出 北海道支部会報 2020 年度第 3 号（通巻 219 号）

〈実践の魅力〉

気持ちが伝わる安心感を育む

北海道・楡の会きらめきの里　児童発達支援センター　きらめきの里

児童発達支援センターきらめきの里は、医療的ケアの必要な子や運動や知的発達、集団生活への適応に心配のある就学前の子どもたちがお母さんと一緒に通っている通園施設です。きらめきの里では楡式療育と名付けている心理療法の"好い事作り療法"を基本に「好ましい、真似しやすい手本」を示し「できた」という達成感を子どもとお母さんが感じられるよう支援しています。今回は、今年度、年長クラスに在籍しているゴウくんが"好い事作り療法"を通じ成長してきた様子についてご紹介していきたいと思います。

まずは通園3年目のゴウくんについて簡単にご紹介します。ゴウくんの第一印象はなにをするにもいつも全力投球な男の子でした。昨年度のゴウくんは、職員を中心に海賊ごっこや剣で戦うことが好きで、自分の思いを言葉にすることがまだむずかしく、叩く、蹴る、つばを吐く、相手の髪の毛を引っ張ることで気持ちを表現していました。

今年度に入り、クラスで鬼ごっこやだるまさんがころんだ等の集団遊びの経験を積むことで「おーい！　だるまさんしよう！」と自由遊びの時間にはほかのクラスの子や職員を誘い集団で遊ぶことが増えたゴウくん。また、異年齢の子とかかわるなかで、年下の子と遊ぶときには走るスピードを押さえ、転んで泣いている子には「大丈夫？」と声をかけ、看護師を呼んでくれるやさしいお兄さんの姿を見せてくれることも増えました。自分が遊んでいる玩具を取られたときには「もう、僕が使ってるよ」と言葉で相手に伝えることもできるようになっています。

しかし、就学に向けお母さんと離れ一人で登園する日が増えると、不安とがんばりによる疲れが見られ、ときには叩く、蹴る、髪の毛を引っ張ることで自分の思いを担任にぶつけていました。

●安心をつくるために…
　視覚提示で予定を伝える

"好い事作り療法"の一つに"安心づくり―不安が多ければ安心を増やすことで不安は相対的に減る。安心づくりは甘やかしではなく、やる気を育てる"とあります。行動でお母さんと離れることの不安を表現しているゴウくんに対し、まずは「安心をつくる」ことを支援目標にしました。クラスにはゴウくん以外にも、見通しのもてないことに強い不安を示す子もいたため、クラス全体の支援としてとりくみました。

安心をつくるわかりやすい視覚支援

・イラストを使い母と登園する日（母子日）、単独日を知らせる

・カレンダーに母子日、単独日のイラストと、療育内容の写真を載せ、家庭に配布し自宅でも確認できるようにする

・降園時に、今日の療育内容の写真と翌日の母子日、単独日のイラストと療育内容の写真を隣に並べ、今日の活動の終了と翌日の予定を確認する

言葉での予定の説明と合わせて、子どもたちが見てわかりやすいよう支援したことで、ゴウくんだけでなく、クラス全員が大きな不安なく登園できました。

●図星を言うことで"わかってもらえている感"をつくる

自由遊びの時間にゴウくんが、玩具の入っている物品庫を自分で開けようとすることが続きました。お母さんや職員全体にも協力してもらい約束ごととして「ほしい物があるときには担任に聞く」ことをとりくみとして徹底していきました。物品庫に入ろうとしたときに「（物品庫から）出してほしい物があるんだね。担任の先生に言ってみよう」と言われたゴウくんは最初少しパニック状態で、なんとしてでも自分で玩具を出そうとあの手この手を使いました。担任は物品庫に入りたいゴウくんの行動を止めるのではなく、遊びたい物があるという気持ちを「物品庫にほしい物があるんだね。先生持ってくるよ。なにがほしいの？　どんな物？」と聞き続けました。

最初は言葉ではなく、力で押し通そうとしていたゴウくんでしたが"ほしい"という気持ちを、言葉にして受け止めてもらう経験を積み重ね「剣したい」「マントしたい」と少しずつ伝えてくれるようになりました。初めは「なんのことだろう？」とわかってあげられないこともありましたが、お母さんにゴウくんのブームを確認しながら一つずつゴウくんの思いに応えていくことを続けていきました。今では「○○ください」「○○してもいいですか」と言葉で伝え、確認してくれることが増えました。

ゴウくんの思いを100％理解し、応えることはむずかしいです。しかし、ゴウくんの気持ちを言葉にして"図星を言う"ことを続け、ゴウくんのなかに少しずつ"わかってもらえている。わかってくれる人は味方だ"という気持ちが生まれ「今応えることはできないけど、少し待ってほしい」「○○の後でやろう」など、担任の提案に応じてくれることも増えました。

●僕もやりたい！　の気持ちに二つ先のアナウンスでルールを伝える

楽しいことが大好きで、いつも一番にやりたいゴウくんは、自分の予想していた順番と異なると「できない」と捉え「やりたかったのに！」と泣き崩れ、怒ることがありました。10月に入り、クラスの療育予定が書いてあるカレンダーに運動会のイラストがあるのを見つけ「これなに？　なにするの？」と何度も担任に確認していました。「ほかのクラスのお友だちとみんなで運動会するよ」と伝えると「やったー！　楽しみ！」と期待とやる気を募らせているゴウくんを見て「順番待ちを含め、ゴウくんもみんなも楽しい運動会にしたい」と思いました。

そこで、運動会の一日の流れを数字、イラスト、ひらがなを使い表にし、活動の順番や何番目にできるのかを伝えることにしました。事前にお母さんにしおりを渡し活動の流れを伝え、お母さんも担任も同じことをゴウくんに伝えられるようにしました。運動会前日には拡大した予定表をクラスに掲示し、運動会の流れを子どもたちに説明。しおりを配布し自宅でも確認できるようにしました。当

▲朝の会、ドキドキするときはこの棚のすき間で参加します

▲たくさんケンカして、仲直りして大好きになったヨウ
　くんと

日、お母さんがゴウくんとしおりを見ながら「今これやっているね。次はこれだね」「一つ待ったらゴウくんできるよ」と運動会の流れを二つずつ順繰り順繰りにイラストを指さし一緒に確認してくれたことで“次の予定がわかる”“流れに乗ってできちゃった”“できたから褒められた”とお母さんもゴウくんも良い表情で運動会を楽しむことができました。

●子どもにとってのお母さんの偉大さを感じる親子通園

　きらめきの里は親子通園を基盤にしています。不安が強い子どもたちにとって“自分のことをわかってくれているお母さん”は安心基地であり、大きな存在であると、子どもたちの表情を見て日々感じています。ゴウくんの在籍している年長クラスは、きらめきの里の通園年数が長いお子さん、お母さんもいて、職員たちにとっては「お母さんの子どもとの接し方」をお手本としていることも多々あり、お母さんの協力があるからこそ子どもに沿った支援ができているとさまざまな場面で感じています。担任の意図を汲み、療育のなかで“好い事作り”を実践してくださっているお母さんには、感謝と尊敬の毎日です。
　就学を前に現在は母子での登園が週2回、単独での登園が週3回、年明けには単独が週4回とお母さんと離れる日が増え、子どもた

ちが自分でがんばる日がどんどん増えていきます。ゴウくんをはじめいつもはお兄さんの顔でがんばっている子も、お母さんの前では甘えん坊の子どもらしい表情を見せています。そんな子どもたちの表情を見て「がんばれって言いすぎたかな」「もっと子どもたちの図星を言い当てて気持ちをわかってもらえている感をつくらなきゃ駄目だな」と反省の毎日です。がんばっている子どもたちの成長の様子を伝えると「できるようになったんだ！」「すごいね！」と一緒に喜んでくれるお母さんの笑顔と、お母さんに褒められてはにかむ子どもたちの笑顔を糧に、これからもていねいに子どもたち一人ひとりに、寄り添った支援をしたいと思います。

初出　『みんなのねがい』2020年3月号

ピース犬の 満腹食べ歩き 北海道 開拓おかき

豚丼

十勝地方の豚丼は甘辛いタレをまぶして焼いた豚焼肉をどんぶりめしの上にのせたもの。昭和初期に鰻丼をヒントにつくられた郷土料理です。専門店もたくさんあります。

ラーメンサラダ

麺よりも具材の野菜のちがタタいためサラダとして食される居酒屋メニュー。給食でも出ます。札幌グランドホテルで"サラダ感覚で味わえるラーメン"として考案されたのが元祖とされています。

ご当地バーガー

チャイニーズチキンバーガー

ご当地バーガー日本一に輝いた函館の『ラッキーピエロ』。北海道産の食材にこだわっています。地元での一番人気はチャイニーズチキンバーガー、観光客がよく注文するのはとれたてのイカを使ったイカ踊りバーガーです。

いか踊りバーガー

カレーそば

炭鉱の街・夕張を支えたスタミナ食。豚肉が使われています。実は北海道は蕎麦の収穫量日本一なのです。

おみやげに…

北菓楼の開拓おかき、カーリング女子の"もぐもぐタイム"で話題の赤いサイロなど。

企画▶編集部B　イラスト▶しぶやまりこ

初出 『みんなのねがい』2018年10月号

嗚呼青春の大研究

「ファッションについて」

北海道　チャレンジキャンパスさっぽろ
（福祉型専攻科）
小野舞子（おのまいこ）

◆わたしのテーマは「ファッションについて」です。テーマを選んだ理由はわたしがファッションリーダーだからです。

そこで、みんなのファッションチェックをしようと思い、みんなの写真を毎日撮りました。ひとりずつ、声をかけて写真を撮りつづけたことをがんばりました。

そのなかで同じ服が続いている人がいました。私はその人のファッションをコーディネートしようと思いました。そのNくんに発表してもいいか確認して、OKをもらいました。わたしはこっちの服のほうがいいと思います。

これからもファッションリーダーとしてがんばります。

Nさん、コーディネート計画

Before　→　After

一言声をかけて写真を撮っている様子。次第にポーズを要求することも増えてきました。

●仲間から「撮っていいよ！」と言われて自分から声をかけられるようになりました。「ファッションリーダーは小野さん！」と言われるようになりうれしそうです。
（中山雄太）

初出 『みんなのねがい』2019年9月号

〈ニュースナビ〉

新型コロナウイルス感染症による臨時休校と「親の会」要請行動～北海道のとりくみ

特別支援学校教員　藤田　明宏

はじめに

　北海道では、知事要請により、2020年2月27日から全国に先駆けて一斉休校の措置をとりました。休校期間としては全国最長です。

　流行の兆しもない地域の学校まで休校にしなければならないのか。長期の休校という重大なことを、当事者の声を聞かずに簡単に決めていいのか。感染予防をしながら教育活動を継続できないのか。そんな疑問が湧いてきました。

　3月4日、道教委特別支援教育課は卒業式についての通知を出し、卒業式を行う学校・学部と行わない学校・学部を峻別しました。重症児や基礎疾患のある子どもにとって、感染症は脅威ですが、卒業式を一律に奪う必要はありません。個別に配慮すべきことです。また、家族の休業、放課後等デイサービス・学童保育に子どもたちが溢れる状況も生じました。

　そこで、障害のある子ども・家族の要求を行政に伝える必要があると考え、3月5日、全障研北海道支部の助言も得て「親の会」が主体となった要請行動へと歩を進めました。

道教委への緊急要請

　1999年から毎年講演会等を開催している北海道障害児教育フォーラムの後援団体の

「親の会」5団体（北海道手をつなぐ育成会、北海道自閉症協会、北海道小鳩会〈ダウン症児・者親の会〉、北海道学習障害児・者親の会クローバー、北海道自閉症協会札幌分会ポプラ会）に、要請の趣旨説明と賛同の依頼をしました。

　卒業式を直前に控えていることから、翌日の6日には連名による要請の必要があり、急いで調整をしてもらいました。短時間で意見を集約し、賛同していただいたことに、保護者のねがいの切実さを感じました。

　要請には特別支援教育課が対応し、テレビ、新聞の取材もありました。「親の会」は、「一律休校はおかしい」、「学校を居場所として開放してほしい」、「卒業式は対策をとって行ってほしい」などの意見を伝えました。メディアをとおして、障害のある子どもたちが休校で家庭にいることにより生じる困難や、教育行政に求めることを道民に知らせることができました。ある参加者が語ったように「声を上げていかなければわかってもらうことができない」のです。

緊急事態宣言延長による実態の調査とさらなる要請行動へ

　4月初旬に始業式を迎え、学校が再開されましたが、この頃から札幌市内の新規感染者が増加しました。入学式を終えた直後、北海道・札幌市緊急共同宣言が出され、札幌市内の学校と近郊の一部学校の14日から5月連

2020年3月6日の北海道教育委員会への要請

休明けまでの休校が決まりました。

全国でも感染者が増え、16日に緊急事態宣言対象地域が全国に拡大され、北海道は特定警戒都道府県に指定されました。これを受け、再び道内の学校がすべて休校となりました。最長5月末まで休校となる可能性も出てきたことから、子どもや家庭の実態と要望を確かめ、それに基づく要請を行うべきだと考えました。

「親の会」5団体に実態と要望の収集を依頼し、家庭からの声を集めてもらいました。さらに、北海道重症心身障害児（者）を守る会と連絡を取り、重症児者が抱えている課題についての情報を得ることができました。

以下、出された実態をまとめます。
・「問題行動」の頻発
・体重の増加、生活習慣の乱れ、心身の不調
・親・きょうだいなどの家族の負担増と心身の不調
・進路への不安
・事業所の販売中止による収入の途絶、事業継続への不安
・児童デイサービスの負担増加
・医ケアに必要な資材の入手困難

これらの実態から、「学校の開放」、「学習保障」、「本人家庭への連絡支援」、「事業所への支援」、「感染した時の適切な対応」などの切実な要望が出されました。それをもとに、5月18日、道教委と道障害者保健福祉課に、学校教育12項目、障害福祉4項目の要請を行いました。

道教委要請には、特別支援教育課、義務教育課、高校教育課が対応し、可能なものは施策に反映する姿勢を示しました。前回同様、メディアをとおして緊急事態宣言下での障害児者のきびしい状況を広く知らせることができました。

今後の課題

以下、今後の課題です。
①重症心身障害、肢体不自由、病弱・身体虚弱、視覚障害、聴覚障害の子ども・家族の実態把握。
②「親の会」の会員ではない家庭の実態把握。
③道内各地域の実態把握。
④要請主体としての「親の会」のネットワーク構築。

感染症のみならず、災害などの緊急時においては、最も弱いところ、困難が大きなところに矛盾が現れます。障害児・者分野の実情は、広く知られているとは言い難く、当事者である「親の会」が連携して声を上げた今回の要請行動には大きな意義があります。今後の継続したとりくみが必要です。

（ふじた　あきひろ）

初出　『みんなのねがい』2020年9月号

〈この子と歩む〉

自分で決めて、人の中で成長する史也

札幌市　佐藤幸子

　今年25歳になる史也（ふみや）は、重度の知的障害を伴う自閉症というハンディをもって、1994年9月24日わが家に生まれてきました。彼に障害があると診断を受けたのは、彼が2歳の時。1歳を過ぎて、呼んでも振り返らず車が往来する道路へ平気でいこうとする、水がある所では服を着たまま寒くても入ってしまうなど、私には理解のできない行動がたくさんありました。言葉も「いや」と「まんま」しかなく、たまたまテレビで自閉症の番組をみて、もしかしたらと思い、住んでいる地域の担当の保健婦に電話し相談したところ、児童相談所を紹介されて主人と史也と3人で相談に行ったのが、史也の障害に真正面から向き合うスタートとなりました。

　児童相談所からその当時住んでいた市の療育機関を紹介され、主人と史也と3人で見学に行き、目の前の現実に私は最初強く抵抗しました。「ここはうちの子が通うところではない。史也は違う」そういう思いで楽しそう

に遊ぶ史也をみて思っていました。私とは対照的に主人は史也ととても楽しそうに遊んでいました。家に帰ってから通うべきか迷っている私に主人は「史也が楽しいのなら通ってもいいと思うよ」と言いました。この一言がなかったら、多分早期療育はしていなかったでしょう。主人の一言に今は本当に救われたと思っています。

　今でこそ史也の障害を個性として思えるようになりましたが、その当時は、私がそれまで生きてきたなかで感じたことのない感情が起こり、怒りや悲しみ、絶望といったこの世のすべてを否定したくなるような、やり場のない気持ちに支配されていました。そのつらい状況から救ってくれたのは、わが子のことを笑いながら話せた障害をもつ子どもの親たちとのつきあいでした。笑って子どものことを話せることがどれだけ大切なことか、お互いの気持ちに共感し合えることで私は少しずつ史也と向き合うようになっていきました。その頃、児童相談所や療育機関の関係者の前では泣かないと頑なになる自分がいました。なぜそうしたのか。人前で史也のことで泣くのは、史也の障害を認めてしまうことになる、そんな風に思っている自分がいました。自分の親の前でも泣きませんでした。素直に泣けたのは主人の前だけでした。

　史也が3歳の時、札幌市に引っ越しました。障害児通園施設に1年、市立幼稚園に2年通い、史也は私以外の大人との信頼関係が築けるようになりました。小中学校は地域の

4歳のころ

8歳　お父さんとサイクリング

弟・孝史朗が生まれて初めての抱っこ

特別支援学級へ通い、集団生活を学び、基本的な生活習慣の自立と文字を書いたり簡単な計算ができるまでになりました。そして、新篠津高等養護学校では、親元を離れて寄宿舎生活を3年間経験し、仲間の存在を意識するようになりました。

● 大学に行きます！

　新篠津高等養護学校を受験するときに、史也は私に「高校の次は大学ですか？」と聞いてきました。その時、史也が入れるような大学はもちろんありませんでしたから、「大学はないかなぁ」と話しました。

　そんな私たちに夢のような話がきました。新聞に史也でも通える大学が札幌にできたと載っていたのです。チャレンジキャンパスさっぽろです。すぐに学校の担任に連絡し、資料をもらい、現場実習に行くこととなりました。史也は高等養護学校を卒業したら作業所でお仕事をすると思っていたので、「ふみ、史也が行ける大学が札幌にできたよ」と話すと、「大学に行けますか？」「行けるよ！　行くかい？」「行きます」そして、実習に行き通所が決定しました。この時は本当にうれしかったです。

　チャレンジキャンパスさっぽろには3年間通い、3年目の専攻科時代に©fumifumiというオリジナルキャラクターを彼は生み出しました。チャレンジキャンパスさっぽろを卒所する時に史也は自分の進路を©fumifumiとして絵を描くことと決めました。そしてにじいろ福祉会の皆様のご尽力で「あとりえC」ができました。

　あとりえCに移ってからの3年間、彼は作家としての道を彼のペースでゆっくりとすすめてきました。私自身も編み物作家として活動していたので、彼と一緒にハンドメイドイベントに出店することが大きな夢となりました。北海道最大級のハンドメイドイベントサッポロモノヴィレッジに親子で初出店したときは感無量でした。彼の描くアニマルに足を止めて見ず知らずの方々が見入ってくださることが何よりもうれしかったのです。たくさんの人々の前で堂々と絵を描く姿が誇らしかったです。

● 自分で決める

　昨年3月、史也は私たちから自立し、自分で決めたグループホームに引っ越していきました。こんなに早く離れていくとは思っていませんでした。でも、彼は高等養護学校を卒業してから、親ではなくヘルパーや仲間と過ごす時間をどんどん望むようになっていきました。ヘルパーは彼が小学2年生の時から居宅介護や移動支援を利用してきたので、今ではなくてはならない存在です。

　いつか親はいなくなります。私はその時を考え、早くから第三者に彼を託すことをしてきました。親の目のないところでどんなことをしているのか、最初こそ不安でしたが、親

チャレンジキャンパス１年生
畑作業で

チャレンジキャンパス施設長、男子職員と卒業前に

以外の人間とのつきあいのなかで彼は着実に成長していきました。自分でここのグループホームに入りたいですと直談判していたことも私は知りませんでした。心が育っている、そう感じたできごとでした。

　この春、史也は、更なる成長をめざし、あとりえＣを卒所し、違う作業所へ移りました。移ることも彼自身が決めたことです。移った先で©fumifumi として作家業に専念し、お仕事として本格的に頑張っていくようです。

　史也との25年、長くもあり、あっという間でもあり…。離れて暮らすようになり、彼の時間は彼自身が考えて使うものだと思いました。だから、週末自宅に帰ってきても、彼は自分の予定で行動しています。親とは一緒に行動してくれません。一緒に行動してくれるのは、盆暮れ正月くらいです。でも、私自身もそうでした。24歳なんて親より彼氏や友人と一緒にいる時間が圧倒的に多かったので、親の気持ちが今になってわかります。それが親離れであり、子離れをしないといけないということですから。

　これまで、たくさんの方々に支えてもらいました。これからも出会いを大切にし、感謝の気持ちを忘れずに史也の応援者として私は彼を見守っていきます。

（さとう　さちこ）

初出　『みんなのねがい』2019年7月号

自分で決めた、その道を行く

チャレンジキャンパスさっぽろ支援員　倉場友子

　佐藤さんは、チャレンジキャンパスさっぽろ（ＣＣＳ）の３年目にキャラクターを描きはじめ、同じ福祉会の「あとりえＣ」で作家としての実績を積み、この春あとりえＣを巣立っていった。

　彼がキャラクター作家になりたかったのは彼がとても人が好きで、関わりたいと思ってきたからではないかと思う。言葉のやりとりは、けっして得意ではないが、絵を描くことでたくさんの人と出会い、つながってきた。年頃の彼は、若い女の子も大好きだ。彼のキャラクターは女子高生や女子大生にも人気がある。ＣＣＳに来たきれいな女性のお客様にちゃっかり商品をＰＲしていることもある。

　彼がずっと伝えたかったこと、周りとつながりたかった気持ちを伝えてくれるのが、キャラクターだったのではないかと思う。彼にとってはコミュニケーションツールであり、好きなことであり、仕事なのではないだろうか。

　お母さんは、小さいころ言葉がうまく伝わらない彼にたくさんの絵を描いてきた。彼の土台をつくったのは、愛情を注ぎ続け、大切に育ててきた家族の存在なのだと思う。

〈この子と歩む〉

娘の結婚・出産・子育てを支えて

札幌市　三浦美榮

2018年　道東の旅（筆者・右端）

　2016年12月、娘のめいは元気な女の子を出産しました。予定外の帝王切開での出産となり、やっとわが子と対面できたという喜びより、顔面蒼白で余裕のない硬い表情の新米お母さんの誕生でした。小脳低形成のせいで日頃からつまずいたり転んだり、膝小僧の傷が絶えないなかでの妊娠期、さらに歩行が不安定になり、妊娠30周目に切迫早産で入院。やっとの思いで迎えた正期産、今度は予定日超過で入院。普通分娩を切望するもお産が進まず、帝王切開をすすめられ決意しても、ギリギリまで、陣痛促進剤の点滴に一縷の望みをかけるなど、何事も一筋縄にはいかないめいは現在、母親修行真っ最中の日々を送っています。

●娘の障害がわかったとき

　1992年春、わが家の第3子として生まれためいは、通っていた職場保育所の保育士さ

んのすすめがあって、9ヵ月の時に療育センターを受診、運動発達遅滞と診断されました。

　小学校に入学した頃は、まわりの子どもと比べ、学習の遅れなどを感じながらも、1、2年生は担任の先生のあたたかな対応や配慮と、学童保育に支えられながら楽しく過ごすことができました。しかし、3年生の時に「みんなと同じことができない。病院へ行きたい」と、めい自身から訴えがあり、再び療育センターを受診し、知的障害と診断されました。それまでは、この発達の遅れが何なのか、当時よく耳にした「学習障害かな？」と思っていた私は試行錯誤の毎日で、無理強いの勉強をさせていたこともありました。知的障害だとわかったとき、「そうだったんだ。やっとこの子のことをわかってあげられた」と安堵したことを覚えています。

　その後も学童保育の友だちや、1、2年生の時のクラスメイトたちに助けられながら小学校を卒業することができました。長男と次男も頼もしい存在でした。

　中学校は、支援学級のある中学校を受験して合格、ここでも友人に恵まれました。高校は、自ら志望した高等養護学校に進学しました。

●お母さんになりたい！

　ここからは、高校を卒業し、就職してからできた彼氏との話です。相手は同じ高校の同

めい1歳

フォトウェディング（マタニティフォト）

めい出産4日目に病室で

級生。家に帰ってきては彼に対する小言を聞かされ、時には「別れる！」と言って別れたはずが、よりを戻したり。そうやって悩みながら付き合っていためいでしたが、ある時職場で体調不良が続き、スタッフさんに「妊娠したかもしれない…」と相談して妊娠が発覚。めいに「拒否しなかったの？」と聞くと「セックスしたら妊娠すると言うのは知っていたけれど、どんなふうに（どのような流れで）妊娠するのかわからなかった」と、言葉では知っていても現実どのような行為で妊娠に至るのかが理解できておらず、どこで拒否したらいいのかわからなかったと…。その時私は「あぁ…」と天を仰ぎました。「寝た子はちゃんと起こしてあげないといけない」と改めて思いました。

めいは一貫して「産みたい、お母さんになりたい！」と主張。私も産ませてあげたいと思う気持ちと育てられるのか葛藤し、夫は「無理だろ」と反対。結論が出ない話し合いを繰り返し、時間ばかりが過ぎていきました。

ある日、めいが小学生の時に「大きくなったらお母さんになりたい」と授業の中で言っていたことをふと思い出し、「小さいころから言っていためいの夢を叶えてあげよう」と夫に話しました。その時にも「お母さんになりたい…」と涙ながらに訴えるめいと私。その涙に「わかった…産むか…」と夫も決心。はじめは反対していた祖母にも後押ししてもらうことができ、本格的に出産に向けて動くことになりました。次は彼氏とのことです。

彼の生活支援員さんとも話し合いを重ねました。支援員さんの「僕も覚悟を決めました。僕は幸い彼らと歳が近いです。子どものことも含めて面倒をみることも可能でしょう」との言葉もたいへん心強く思いました。「めいが産みたいって言うなら僕もお父さんになりたい」と言う彼氏の意思を聞き、それなら、めいにプロポーズするところからだよと家に招いた彼はスーツ姿でした。

プロポーズが成立してから彼は、妊婦検診や保健師さんの訪問、安産教室も同行しました。ゆくゆくは子どもと3人で暮らすためにアパートを借りるなど一筋縄にはいかない問題をひとつひとつ解決しながら準備をしていましたが、紆余曲折あって一度も親子3人で暮らすことなく、2年でふたりは別れることに…。

●ここまで育ててきたことに自信をもって

今、めいは実家近くに家を借りて週2回、子どもが保育園に行っている間にヘルパーさんと部屋のそうじや料理の練習をして、終わりのない母親修行をしています。負担にならない程度で通っていた学童保育でボランティアもしています。夜と週末は母子ともに実家で過ごしていますが、将来子どもとふたりで暮らすのが目標です。

私はめいが出産を決めた時、「めいが親になるためにこれからまた口うるさくなるよ。

めい　わが子の初運動会

2019年　遠野旅行でカッパ釣り

それを肝に銘じて出産しなさい」と伝え、めいも承知はしたものの、めいとは衝突する日々です。2、3時間毎の授乳期間や、私が家を留守にし泣き止まないわが子を抱きかかえ過ごした時も一言も根をあげなかっためい。子どもとお風呂に入り、うんちもしっかり取り換え、夜は「お母さんと寝る」とそこは譲らない孫、たくましいお母さんになってきました。

　夫は孫が生まれた瞬間から「めい、でかした！」と孫にメロメロのじいじに。

　もうすぐ3歳の孫はここ最近「うちのお母さん、ちょっと違う」と感づいてきているかもしれません。小走りする孫に私はついていくのがやっと、めいは既に追いつけません。ここからまた新たな子育てが展開されていきます。孫にどのようにお母さんのことを伝えようか、あえて伝える必要はないのか。今後も試行錯誤の日々です。

　めい、これから心無い言葉を言う人が現れるかもしれないけれど、「だからどうした！」と言い返したらいい。これまで見守ってくれた方々は、これからもあなたの味方だよ。困った時はちゃんと頼ること。どんなお母さんも完璧にはなれない。間違っていたことは次から直せばいい。それでいいんだよ。これからも自信をもって生きていってね。

（みうら　みえ）

すべての人がしあわせに生きていける社会の実現をねがって

元学童保育指導員　林 奈津子

　「めいはばかなの？」と母に泣いて訴えたという。保育園時代からのめいとともに育ってきた学童保育の仲間たちは、そんな彼女を学校でも守り続けたのだと思う。時には指導員の入る余地もないほどの固い絆で結ばれていた。みんなで登った利尻富士は13時間めいと私は山の中だったね。

　彼女のその後の選択は教育大支援校・高等養護へと進み、結婚・出産・育児・離婚となかなかドラマチックである。しかしこんなことは世間一般でもよくあることである。むしろ今の日本では結婚や出産・育児まで行きつける人のほうが少ないのではないか。

　少子化や超高齢化社会はそもそも国の姿勢が問われている。わが国は国レベルで弱いもののいじめが横行していると私は思う。だからこそめいは福祉や保育園・地域の人たちの力も借りながらシングルマザーとして堂々と生きていけばいいのだ。その力の一翼に私も入れてもらう。ハンディがあっても、病気が進行しても、誰もが安心して暮らせる社会をみんなの力でつくっていこう。

初出　『みんなのねがい』2019年12月号

〈この子と歩む〉

カムはこれからも世界を広げていく

札幌市　中村抄理

家族3人で

わが家の一人息子、カム（可夢生）は現在13歳。

カムはサイトメガロウイルス感染症で早産で生まれました。小さく生まれたので、すぐにNICUに搬送され入院。やっとわが子とご対面したのに、生まれたばかりの赤ちゃんと離ればなれに。

夫が毎日、私の入院している産院と小児病院を往復し、赤ちゃんの様子を知らせてくれていました。赤ちゃんの様子を直接見ることができない寂しさと不安はありましたが、生まれたときの赤ちゃんの力強い産声と、夫が持ってきてくれる赤ちゃんの写真の目の力強さに勇気づけられ、この子はきっと力強く生きていく、と感じ、ほっとしたのを覚えています。

●わが家のアイドル・カム

しばらくして赤ちゃんが両耳高度難聴であ

ることが判明します。ウイルスの影響で脳に石灰化している部分があり、その時点で判明していた聴力障害以外にも、成長と共にほかの障害が出てくるかもしれないと告げられました。もしかすると目が見えないかもしれない。首がすわらないかもしれない。退院の時にそう言われましたが、私の腕の中で穏やかに笑うカムはあまりにも可愛くて可愛くて、どんなこともこの子の幸せを最優先に考え、きっと楽しく過ごしていける。この子は世界一幸せな子になる。そんなふうに思っていました。

可愛いカムの笑顔が見たくて、なんとかカムの要求を読み取ろうと声の調子や目つきや表情の変化などを必死で観察していました。カムは肌に触れるのが好きで、抱っこするとご機嫌。だから家の中でも常に抱っこひもで過ごし、何をするにもいつもママと一緒。カムに「ママはカムのことが大好きなんだよ！」という気持ちを伝えるため、笑顔を向けたり、ハグしたり。カムの要求にはできる限り応えていきました。いつかカムと話すときのために、手話の勉強も始めました。

カムはわが家のアイドルでした。夫家族にとって初孫だったこともあり、みんながカムを抱っこしようと隙を狙ってはカムの取り合い。カムを抱っこしている人は動かなくても良いと優遇され、カムのお気に入りおもちゃを提供した人はヒーローでした。カムがらみであればなんでも最優先。まさにカム王国！

そんななかで育ったカムは、人が大好きに

2009 年　おばあちゃんと一緒に
植物が大好きでした

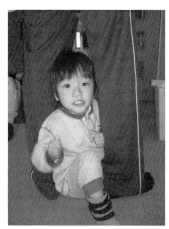

2010 年
パパの足に挟まって楽しそう

2012 年　保育園で気に入った布団に
入る（お友だちの布団です）

なっていきました。

　しかし、耳が聞こえず、発達障害があるカ
ムは音声言語はもちろん、せっせと教えてい
る手話も使う気配なし。カムの要求は大人の
手を引っ張り目的のところへ持っていくク
レーンと、アイコンタクト。カムの言わんと
していることは、常に一緒にいる家族しか理
解できませんでした。ん〜。これでお友だち
ができるだろうか？　と心配しつつ、初の子
どもの集団、保育園に入園することになった
のです。この時カムは 5 歳でした。

●カムとお友だち

　一人っ子だし、なんでも許されてきたカム
だから、きっとわがままし放題でお友だちと
けんかするだろうな、と思っていましたが、
なんと保育園でもカム王国。私の心配をよそ
に、好きなもので好きなように遊び、心地い
い場所を陣取り、快適に楽しく過ごすカム
と、それを許してくれた園児たち。保育園の
お友だちと会話をするわけでもなく、共通の
遊びをするわけでもない。それでも何か通じ
合っているようで、カムもみんなのことが大
好き。毎回遅れて保育園に到着するカムは、
すでに集まっているみんなのど真ん中にいつ
も割って入っていきました。大好きなみんな
に囲まれていたい気持ちが強いようでした。
言葉を使わなければコミュニケーションはむ

ずかしいだろう。私はそう思っていたのです
が、その考えはカムと保育園の子どもたちに
よって大きく覆されました。

　その後、小学生になり「ちょうだい」の手
話を使うようになります。このことをきっか
けに、カムが使う手話もどんどん増えていく
だろうと思っていましたが、いくつかの手話
は覚えるものの、カムから発信する手話は結
局この 1 語のみで現在に至ります。

　それでもカムは今までにたくさんのお友だ
ちをつくってきました。知り合いもいない初
めての土地に引っ越し、そこで私たち家族に
人を繋げてくれたのはカムでした。不思議な
のですが、カムは会ったその瞬間にウマが合
う人を見つけているようです。カムは積極的
で、好きな人への愛情表現はとても素直。大
人には強気ですが、小さい子にはひたすら優
しい。そんなカムのおかげで私たち家族の周
りにも仲間がどんどん増えていきました。

●カムから教えてもらったこと

　カムは 13 歳です。一人で着替えることが
できません。自分の気持ちや状況を伝えるこ
とができません。文字の読み書きもできない
し、階段の上がり下りも一人ではむずかしい
です。一見すると、できないことが多く、誰
かの手助けなしでは生活ができないのも確か
です。

引越し先の公園で。耳の聞こえないカムに、自分なりに交流しようとしてくれる男の子と出会いました。

2018年　雪の中、ママと散歩

しかし、カムから受ける影響はとても大きく、学びも多い。カムによって動かされている感じがするのです。私のもっていないものをたくさんもっていて、単純に「できないことが多い」と表現していいのかわからなくなるのです。この世の中にいろんな人がいることの必要性をカムから教わっている気がします。

カムの進学をきっかけに引っ越しをしました。新しい土地でどんな出会いが待っているだろうか。早速、近所の小学生が声をかけてくれて、カムと友だちになりたいと言ってくれました。うれしい出会いです。

これから先、カムはどんどんいろんな人と繋がっていくでしょう。そして、自分なりの方法で世界を広げていくのだと思います。

（なかむら　しおり）

可夢生に初めてであったとき

認定こども園向陽台　野沢靖子

お母さんとお父さんと3人で玄関に現れた。ふわふわっとして重力が感じられなかった。そこだけ空気の泡に包まれているようだったことを思い出す。これから一緒に過ごす日々のために、最低限の基本情報（医学的な身体情報とご両親の思い）をうかがった。

可夢生が大好きな場所は日だまりの中。子猫のようにお気に入りのタオルや帯の裏地や刺繍を見つめては撫でていた。誰もいないホールで両手を上げてくるくる回って笑っていた。その場回りも大きく走って回るのも大好きだった。

保育という枠で関わる。そんな小さな感覚では可夢生と向き合えないと感じさせられた。

保育士として「可夢生の感じていること」を感じとり毎日を過ごしていた。しかし、周りの子どもたちは本能的にそう過ごしていた。可夢生がいることでその姿が見られた。

聴こえなくても、話せなくても、ご飯が上手に食べられなくても、見つめあい、触れあうことで心が通じると。

可夢生と出会えて良かった。

初出　『みんなのねがい』2020年7月号

しおり：北海道在住。息子（カム）、夫との３人暮らし。
自宅で建築関係の仕事をしながらマンガ家として活躍中。
ブログ「カムホーム」 https://kamu.fensi.plus/
インスタグラム　@bepo_shiori

ようこそ！カムホーム
しおり

カム　ママ　パパ

我が家の王子、カムは１２歳。
先天性サイトメガロウイルス感染症で生まれ、
難聴、発達障害（知的障害）、睡眠障害、体幹機能障害…
いろいろあるけど、のんびり成長中！
異文化交流育児の記録です。

パソコンの調子が悪いなぁ

えっ何？今忙しいんだけど！
ポーン

癒された

す〜っごく

無言だけど説得力があるんです。

耳が聞こえず、発達障害のあるカム。
唯一使う言葉は手話の「ちょうだい」

「ちょうだい」の手話は、開いた両手を重ね、
上になった手を軽く上下にトントンと動かします。

トントンが出来ないカムは
開いた左手を右手でモミモミ

これがまた可愛くて
まだ食べるの〜？
断りにくい！
にぎにぎ

バナナが大好物。
だから、目が真剣！

初出『みんなのねがい』2018年10月号

ようこそ！カムホーム

しおり

カム　ママ　パパ

我が家の王子、カムは１２歳。
先天性サイトメガロウイルス感染症で生まれ、
難聴、発達障害（知的障害）、睡眠障害、体幹機能障害…
いろいろあるけど、のんびり成長中！
今回は家族で動物園に行ったお話です。
カムはどんな反応するかな？

初出　『みんなのねがい』2018年11月号

ようこそ！ カムホーム

しおり

カム　ママ　パパ

我が家の王子、カムは１２歳。
先天性サイトメガロウイルス感染症で生まれ、
難聴、発達障害（知的障害）、睡眠障害、体幹機能障害…
いろいろあるけど、のんびり成長中！
カムもちょっと難しいお年頃真っ只中。
遊びや生活の中でも、ちょっとした変化が…

カムは急に走り出すので

ぴゅー

嫌がる

危ないから外では手を繋ぎたいが、

ぱしっ

リュックを掴むのもダメ！

でも…

ヘッドロックなら

良いみたいです

・・・

このスタイルはカムのお気に入り！

カムの大好きな遊び『高速トントン』

トントントントントントントントントン…

おもちゃなどを素早くトントンします

最近、このトントンにちょっとした変化が！

トントン

←冷蔵庫

トン…

トン…

トトン

トン…

モールス信号化してきました

一体誰と交信しているんだろう

初出 『みんなのねがい』2018年12月号

ようこそ！カムホーム

しおり

カム　ママ　パパ

我が家の王子、カムは12歳。

先天性サイトメガロウイルス感染症で生まれ、

難聴、発達障害（知的障害）、睡眠障害、体幹機能障害…

いろいろあるけど、のんびり成長中！

そんなカムも

自分で考えて行動する場面が増えてきました。

お手伝い中☆食器を棚に戻しています

終わった？

カンペ〜キ

これ

わかるよコップと似てるもんね！

この間違え方かわいい！

似たものを揃えられるようになりお手伝いができるようになりました！　頼もしい〜

先生との挨拶は「さよなら」のタッチ

タッチ

ぴとっ

先生

しかし、今日は両手がふさがっていた

さようなら

カキカキ

さあ、どうする？

カキカキ

タッチ！

スッ

いい笑顔でほっぺたタッチしていました

初出『みんなのねがい』2019年1月号

ようこそ！ カムホーム
しおり

我が家の王子、カムは１２歳。
先天性サイトメガロウイルス感染症で生まれ、
難聴、発達障害（知的障害）、睡眠障害、体幹機能障害…
いろいろあるけど、のんびり成長中！
泣いたり笑ったり、刺激的な毎日です。

初出 『みんなのねがい』2019年2月号

我が家の王子、カムは12歳。

先天性サイトメガロウイルス感染症で生まれ、

難聴、発達障害（知的障害）、睡眠障害、体幹機能障害…

いろいろあるけど、のんびり成長中！

睡眠障害があり、夜はなかなか寝ないカム。

そんな時、どんな風に過ごしているのか？

ある日の夜をご紹介します〜

初出　『みんなのねがい』2019年3月号

〈人として〉

子どもと生きる社会を問う
子ども食堂を皮切りに

児童相談所一時保護所夜間指導員　二本松一将

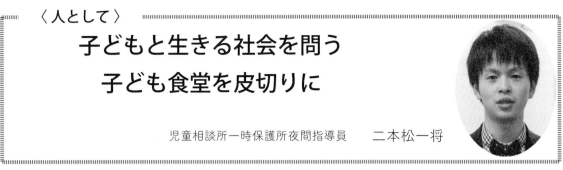

　私は1994年7月17日、東京都江戸川区で生まれ、高校卒業を迎える18歳まで暮らしました。私の子ども時代は、楽しかった記憶と、実母から叩かれたりした記憶が残っています。両親の離婚後、実父と暮らすことになりましたが、継母の存在を受け入れることができず、食事を作ってもらっても食べないという日々を続け、私の分は用意されなくなりました。高校時代の食生活は、バイト先のおばさんがお弁当を作ってくれたり、母方の祖父母が食事代をくれ、コンビニで済ませたりしていました。そういった環境のなかで生活していましたが、都立高校を3年間で卒業し、両親と離れる選択をし、東京から北海道の大学に進学することを決意しました。

　大学進学後、「子ども虐待は、個人の問題か？　社会の問題か？」というテーマに触れる機会がありました。そのなかで「自分は身体的虐待やネグレクトに当てはまる経験をしたことがあった」と気がつきました。しかし「被虐待経験があった」という一言で過去を表現することや、受け止めることは今でも簡単にはできません。子ども時代の私は、そういった環境下で生きることに必死で、違和感がありながらも生き延びる方法を模索し続けていたのだと思います。

　私は、自身の生い立ちと実体験から、似たような境遇に置かれた子どもたちとのかかわりを続けています。大学生時代には、不登校や発達障害を抱える子どもたちへの学習支援をしました。また、2015年10月に子ども食堂のとりくみを知り、地域貢献活動の一環として、北海道江別市内の商店街で「子ども食堂ここなつ」を開設しました。10名の学生と商店街の方々、大学教員の協力があり、学生代表として開設まで結びつけることができました。2016年4月から毎週1回、金曜日の17時30分〜20時まで、小学生や保護者、近隣に住む方、学生が集い、食卓を囲みました。大学の卒業を控えていたため、同年12月には、後輩学生と地域の方々に活動を引き継ぎ、引退しました。卒業論文では、「北海道における子ども食堂の成立と展開」を執筆し、現在も研究生として、子ども食堂関係者から課題や活動状況を聞き取り、活動の一助になるように努めています。2018年3月には、「広がれこども食堂の輪！全国ツアー in 道央・札幌」を開催するために、実行委員長を務めました。私の「ひとりぼっちだと感じていた子ども時代」を考えると、今は「死んだら悲しんでくれる人がいるんだ」と実感できるほど、すてきな大人たちに見守られながら、生きられるようになりました。

　今、私の問題意識は、児童相談所に設置されている一時保護所に保護された子どもたちの存在です。普段は子ども食堂の研究をしていますが、仕事として、児童相談所一時保護所の夜間指導員を勤めているからこそ、感じる課題です。私は自分自身の生い立ちを原点に、これからも子どもの育ちに寄り添う生き方をしていきたいと思います。今後は大学時代に借りた奨学金800万円を返済しながら、社会福祉士の資格を取得し大学院へ進学し、子どもと生きる社会について問い続け、精一杯生きていたいと思っています。

にほんまつ　かずまさ／1994年生まれ。札幌学院大学研究生（当時）。2016年北海道江別市で「子ども食堂ここなつ」を開設する。子ども食堂の調査・研究をおこなっている。

初出　『みんなのねがい』2018年11月号

〈いのちの手記〉

生きにくさを抱える当事者から

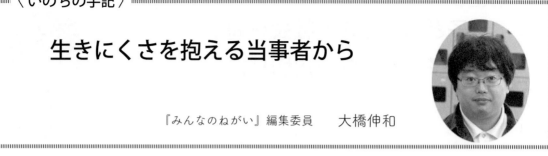

『みんなのねがい』編集委員　　大橋伸和

「普通」にできない自分を否定

　いのちが脅かされる状況というと、みなさんはどのような状況を思い浮かべるだろうか。病気、事故、戦争等があるが、現代社会においては、自殺念慮（希死念慮）がある。本稿はそこまで追い込まれる経験談を元に述べていきたい。

　「不寛容な社会」が生み出す問題は数多い。私は、自分は社会に必要ない、むしろ存在自体が害悪であるという"感覚"を抱き生きていた。それを感じさせたのは不寛容社会であったと思う。

　私は、幼少時から「普通」にできないことが多い子どもだった。幼稚園では集団に入っていけず、教室の隅っこで耳を抑えてうずくまる様子だったことや、小学校では声を出すこと・動くことができなくなる場面緘黙の状態に陥り、不登校になるなどだ。コミュニケーションがうまく取れない、指示の意図がつかみにくいなどがあり、就職後も困難が多かった。自傷も多かった。

　今思えば、私はいわゆる健常のように振る舞えないが、さりとて障害の部類にも当てはまらない、健常と障害の狭間にいて生きにくさを抱えているのではないかと感じるのだ。そのような人は私以外にも多くいると感じている。今風の言葉で言えば「コミュ障」「ぼっち」「陰キャ」などの呼び名で呼ばれる人たちも生きにくさを抱える者ではないだろうか。

　私は、これまで生きているなかで普通通りにできない自分を責め、こんな自分は死ねばいいのだと毎日呪文のように言う生活を続けていた。社会に普通に適応できない自分を否定していたのだ。

存在自体に価値を置く

　現代の社会は普通外の異質性に寛容になる動きは少しながら感じる。たとえば、まだ不十分ながら発達障害の社会認知の広がりなどだ。しかし、その動きの根本にあるのは、異質性に理由をつけていくことである。発達障害の場合は障害だからという理由である。しかし、異質性の理由が社会に認められていない場合はどうだろうか。わたしは、理由が認められない生きにくさを抱え、自殺念慮やひきこもりという社会的排除に至った。どんな人間も寛容される社会の創造こそ必要なことと感じるが、その寛容さとは社会生産性などの価値観に縛られるのではない、存在すること自体に価値観を置く寛容さが必要ではないだろうか。

（おおはし　のぶかず）

初出　『みんなのねがい』2020年8月号

編集後記

コロナ情勢により北海道大会が中止を余儀なくされた。でも、「つながりたい」「学びあいたい」とオンライン全国集会を8月9日に開催。参加者は500人をこえ、全国20カ所での「ビューイング」もインパクトを与えてくれた。集会の「満足度」は99％。そして嬉しいメールも届いた。大分の筋ジス病棟で暮らす大林正孝さんは、「30数年ぶりの全障研に、病室からオンライン参加でき、仲間に会えて感激しています」。北欧在住のサリネンれい子さんは、「遠くスウェーデンからも参加を可能とさせていただきました。みなさまの活動の様子、思いを聞き、多くのことを学ぶ機会を得ることができました」。

秋以降、新しい可能性の芽を感じながら、各地の支部やサークル活動、発達相談や発達診断セミナーでもオンライン活用のとりくみがすすんでいる。一方で、情報保障やオンラインが難しい方のアクセスなど課題も少なくない。研究運動として何を大切に、何をなすべきか。そのためにオンラインもどう活用するか。今後の展開にわくわくする。

（薗部英夫）

北海道は広い。第54回全国大会の準備活動は、準備委員会のメンバーも集まることが困難ななか、新型コロナウイルス感染が広がる情勢の前からオンラインを活用しながら進めた。そして、「大会案内」を作製して、後は参加を呼びかけるところまで取り組んだときに開催中止となった。

全国大会の中止は「大会準備に携わった者に、悔しい想いというような簡単な言葉ではすまされない様々な想いを残しました」。現地の人の率直な思いだ。しかし「熱い思いをもつ道産子」はとどまることなく、北海道支部学習会（11月8日）のオンライン開催につなげた。

北海道大会のテーマは「終わらない夏　無限の発達」。障害者の権利を守り、発達を保障するとりくみは終わらないという宣言だ。厳しい条件のなか、北海道大会の成功に向けてご奮闘いただいたみなさんに、あらためてお礼を申し上げます。

（圓尾博之）

新型コロナウィルスのパンデミックにともなって人との接触が制限され、会議やイベントがオンラインで開催されることが多くなった。一時は帰省や会食・飲み会など社会活動のほとんどがオンラインという時期もあった。

インターネット回線を利用したオンラインの活用は緊急避難的な「苦肉の策」なのか、新たな可能性を広げる「伝家の宝刀」なのか、評価が分かれることもある。

いずれにしても有意義なオンライン会議やオンラインイベントとなるためには、そこに参加する人たちの間の信頼関係が必要不可欠だと思う。それまでに築き上げられてきた関係を基盤とした「オンライン」なのではないだろうか。

全障研の集会や各種セミナーの満足度が高いのは全障研や全障研の会員への信頼関係があることの証といえるのではないだろうか。50年以上にわたって障害のある人・子どもの人権と発達を保障してきた"全障研ブランド"を再認識することになった2020年だった。

（櫻井宏明）

みんなのねがい1月臨時増刊号（通巻659号）
2021年1月15日発行

編集責任者　　塚田直也
発 行 人　　峰島　厚
発 行 所　　全国障害者問題研究会出版部
　　　　　　　東京都新宿区西早稲田2－15－10
　　　　　　　西早稲田関口ビル4F
　　　　　　　電話　(03)5285-2601
　　　　　　　FAX　(03)5285-2603
　　　　　　　http://www.nginet.or.jp
印 刷 所　　ティーケー出版印刷